读客文化

陆小凤传奇 2

绣花大盗

古 龙 著

文匯出版社

图书在版编目（CIP）数据

陆小凤传奇. 2，绣花大盗 / 古龙著. -- 上海：文汇出版社，2018.8
（古龙文集）
ISBN 978-7-5496-2532-1

Ⅰ. ①陆… Ⅱ. ①古… Ⅲ. ①侠义小说－中国－当代 Ⅳ. ①I247.5

中国版本图书馆CIP数据核字（2018）第067422号

著作权合同登记号：09-2017-966

陆小凤传奇2：绣花大盗

| 作　　者 / 古　龙

| 责任编辑 / 徐曙蕾
| 特邀编辑 / 周奥扬　周量航　王心怡
| 封面装帧 / 文　薇

| 出版发行 / 文汇出版社
　　　　　　上海市威海路755号
　　　　　　（邮政编码 200041）
| 经　　销 / 全国新华书店
| 印刷装订 / 北京中科印刷有限公司
| 版　　次 / 2018年8月第1版
| 印　　次 / 2018年8月第1次印刷
| 开　　本 / 890mm×1270mm　1/32
| 字　　数 / 178千字
| 印　　张 / 7.25

ISBN 978-7-5496-2532-1
定　　价 / 49.00元

古龙著作管理发展委员会　侵权必究
装订质量问题，请致电010-87681002（免费更换，邮寄到付）

目　录

001 ／ 第一章　绣花的男人

023 ／ 第二章　不绣花的女人

045 ／ 第三章　偷王的赌约

064 ／ 第四章　女道人

089 ／ 第五章　绣花大盗

109 ／ 第六章　要命的约会

131 ／ 第七章　小楼凤劫

155 ／ 第八章　千奇百变

177 ／ 第九章　田路

196 ／ 第十章　破案

217 ／ 第十一章　尾声

第一章

绣花的男人

01

酷热。骄阳如火,晒在黄尘滚滚的大路上。常漫天脸上的刀疤,也被晒得发出了红光。

三条刀疤,再加上七八处内伤,换来了他今天的声名地位,每到阴雨天气,内伤发作,骨节酸痛时,想到当年的艰辛血战,他就会觉得感慨万千。

能活到现在真不容易,能够做每个月有五百两银子薪俸的副总镖头,更不容易,那实在是用血汗换来的。近年来他已很少亲自出来走镖,"镇远镖局"的总镖头跟他本是同门的师兄弟,两个老人早上练练拳,晚上喝喝酒,已享了好几年清福,就凭他们一杆"金枪铁剑旗",东南一带的黑道朋友,已没有人敢动"镇远"保的镖。

但这趟镖却实在太重要,镖主又指定要他们师兄弟亲自护送,总镖头的风湿最近又发了,常漫天就只好又挂上他那柄二十七斤重的巨铁剑,亲自出马了。

"镇远……扬威……"趟子手老赵吃这行饭已有二十年,年纪虽不小,嗓门却还是很冲,再加上中午打尖时喝了十二两烧刀子,此刻正卖弄精神,在前面喊着镖。

常漫天掏出块青布帕擦了擦汗,岁月不饶人,他忽然发现自己真是老了,走完这趟镖,也该到了挂剑归隐的时候。天气又实在太热,前面若有荫凉的地方,歇一歇再走也不迟。

常漫天一提缰绳,纵马赶了上去,正准备关照老赵,忽然发现前面有个人端端正正地坐在道路中央绣花。一个满脸胡子的大男人。

常漫天闯荡江湖三十多年,倒还没见过男人绣花的,更没有见过有人会在这么大的太阳底下,坐在大路上绣花。

"这人莫非是个疯子?"他实在像是个疯子,在这种鸡蛋摆在路上都可以晒熟的天气里,他身上居然还穿着件紫红缎子大棉袄。

奇怪的是,穿着纺绸单衫的人都已满头大汗,他脸上反而连一粒汗珠子都没有。

常漫天皱了皱眉,挥手拦住了后面的镖车,向趟子手老赵使了个眼色。

老赵毕竟也是老江湖了,从常漫天第一趟走镖时,他就跟着做趟子手。

老主人的意思,他当然明白,轻轻咳嗽了两声,打起精神走过去。

这大胡子专心绣着花,就好像是个春心已动的大姑娘,坐在闺房里赶着绣她的嫁衣一样,十六七辆镖车已因他而停下,他竟似完全不知道。

他绣的是朵牡丹,黑牡丹,绣得居然比大姑娘还精致。

老赵突然大声道:"朋友绣的这朵花实在不错,只可惜这里不是绣花的地方。"

他的嗓门本来就大,现在又是存心想让这人吓一跳的。谁知道这大胡子却连头都没有抬,眼都没有眨。

"难道他不但是个疯子,还是个聋子?"

老赵忍不住走过去，拍了拍他的肩，道："朋友能不能让让路，让我们……"他的声音突然停顿，脸色突然变了。刚才伸手过去拍肩的时候，大胡子手里的绣花针刚好抬起，在他手背上扎了一下。

连挨一刀都不会皱眉头的江湖好汉，被绣花针扎一下又算得了什么？

老赵本来连一点都不在乎，可是想缩回手的时候，这只手竟缩不回来了！他半边身子竟似已完全都麻木！这根绣花针上，莫非有什么邪门外道的花样？

老赵后退三步，看了看自己的手，手并没有肿，却偏偏不听使唤了，他又惊又怒，刚准备发作，常漫天已飘身下马，抢过来向这大胡子抱了抱拳，道："朋友绣的好标致的牡丹。"

大胡子还是没有抬头，却忽然笑了笑，道："我还会绣别的。"

常漫天道："绣什么？"

大胡子道："绣瞎子。"

常漫天也笑了笑，道："瞎子只怕不好绣。"

大胡子道："瞎子最好绣，只要两针就能绣出个瞎子来。"

常漫天道："怎么绣？"

大胡子道："就是这样绣。"他突然出手，在老赵脸上刺了两针。

老赵一声惨呼，手蒙着脸，已倒在地上，疼得满地打滚，指缝间鲜血沁出，正是从眼睛里沁出来的！常漫天脸色骤变，反手握剑。

大胡子却还是悠悠闲闲地坐在那里，悠然道："你看，我岂非两针就绣出了个瞎子来？"

常漫天冷笑道："朋友好快的出手。"

大胡子淡淡道："瞎子我绣得最快，七十二针就可以绣出三十六个瞎子来。"

走这趟镖的人，连常漫天自己正好是三十六个，随行的三位镖师也都是一等一的硬手，现在也都已纵马赶了过来。

所以常漫天虽然吃惊，却还沉得住气，厉声道："朋友是来寻仇的？还是劫镖的？"

大胡子道："我是来绣花的。"

常漫天道："你还想绣什么？"

大胡子道："先绣三十六个瞎子来，再绣八十万两镖银回去。"

常漫天纵声大笑，道："恰巧我这口剑也能绣点东西！"

大胡子道："绣什么？"

常漫天道："绣死人，一个死人！"笑声突顿，剑已出鞘。

这柄巨铁剑虽然不是什么神兵利器，却是昔年"铁剑先生"的真传。

常漫天在这柄剑上，至少已下了四十年的苦工夫，否则他又怎么能活到现在。

随行的镖师也都亮出了兵刃，一口雁翎刀、一根练子枪、一柄丧门剑。

镖客们对付劫镖的绿林朋友，是用不着讲什么江湖道义的，也不必讲究单打独斗。

常漫天厉声道："亮青子，一起上，先废了他的一双招子！"招子就是眼睛。

想要别人变成瞎子的人，别人当然也想要他变成瞎子！江湖豪杰们的原则，本就是"以牙还牙，以血还血！"大胡子却还在绣花，二十七斤重的铁剑，已夹带着风声削过来。

练子枪"毒龙取水"，也从旁边直刺他的腰。镇远的镖师们，武功大都得过他们师兄弟的指点，招式出手，当然都配合得很好！

大胡子忽然笑道："绣完了。"

他的牡丹已绣成，绣花针斜斜挑起，常漫天只觉得寒芒闪动，忽然间已到了眼前。

没有人能形容这种速度，几乎也没有人能闪避。常漫天狂吼一声，铁剑突然脱手飞出，他的人却已倒下。"夺"的一声，铁剑远远地钉入道旁大树上，入木一尺。这时，大胡子已绣出了他的第四个瞎子。

七十二针，三十六个瞎子。好快的出手，好狠的出手！一面白绸，盖在常漫天脸上，上面绣着朵大红的牡丹。

02

江重威走路的时候，身上总是叮叮当当地响，就像是个活动的铃铛一样。他当然不是铃铛。江重威是平南王府的总管，是个很有威仪，也很有权威的人。

王府中当然有很多机密重地，这些地方的门上，当然都有锁。所有的钥匙，都由他保管，一个身上带着二三十把钥匙的人，走路当然会叮叮当当地响。

他的确是个值得信任的人，不但谨慎沉着，忠心耿耿，而且一身"十三太保横练"，虽然并不是真的刀枪不入，但无论任何人都已很难能伤得了他。他要伤人却不难。

他的铁砂掌，已有九成火候，足可开碑裂石，击石成粉。王爷将钥匙交给他保管，一向都很放心的。现在他正要替王爷到宝库去取一斛明珠、两面玉璧。

今天是王爷爱妃的芳辰，王爷已答应她以明珠玉璧作贺礼。

就像世上大多数男人一样，王爷对自己所钟爱的女人，总是非常慷慨的。

长廊里沉肃安静，因为这里已接近王府的宝库，无论谁敢妄入一步，格杀勿论！

入了禁区后，每隔七八步，就有个由江重威亲手训练出的铁甲卫士，石像般执枪而立。

这些卫士都经过极严格的训练，就算是有苍蝇飞上了他们的脸，有人踩住了他们的脚，他们也绝不会动一动的。江重威不但极有威信，而且号令严明，若有人敢疏忽职守，就算放了条狗进入禁区，也格杀勿论！连他自己进来时，都得说出当天的口令。

今天的口令是："日月同辉。"因为今天是个很吉利的日子。

甚至连江重威冷峻严肃的脸上，都带着三分喜气，今天他也是王妃寿筵上的贵宾，办完了这趟差事，他就要换上华服，去喝寿酒了，所以他脚步也比平常走得快了些。

八个腰佩长刀的锦衣卫士，跟在他身后，锦衣卫士们都是卫士中的高手，这八个更是百中选一的高手。江重威一向是个非常谨慎的人。

宝库的重门严锁，一尺七寸厚的铁门共有三道，锁也是名匠特别配制的。

江重威终于打开了最后一重门，一阵阴森森的冷风，扑面而来。

这地方也正如世上大多数别的宝库一样，阴森寒冷如坟墓。

只不过坟墓里还有死人，这里面却连一只死蚂蚁都没有。

江重威每次进来时，心里都有种很奇怪的想法——一个人虽然拥有这宝库中所有财宝，若是只能生活在这里，又有什么用？就算将世上所有的财宝全给他，他也不愿在这地方留一天。

现在他还是有这种想法，他推开门走进去，只希望能快点出来。

他绝不会想到，这次一走进去，就永远也出不来了！

寒冷阴森的库房中，竟赫然有一个人。一个活人。

这人满脸胡子，身上穿着件紫红棉袄，竟坐在一只珠宝箱上绣花。

江重威做梦也没有想到会发生这种事，他几乎不能相信自己的眼睛。

可是他面前却的确有个人坐在那里绣花，一个活生生的大男人。

"这人莫非是个鬼？"除了鬼魂，还有谁能进入这地方？

江重威只觉得背脊忽然发冷，竟忍不住激灵灵打了个冷战。这大胡子专心一意地绣着花，就好像大姑娘坐在自己闺房里绣花一样。他绣的是朵牡丹，黑牡丹绣在红缎子上。

江重威终于镇定了下来，沉声道："你是怎么进来的？"

大胡子并没有抬头，淡淡道："走进来的。"

江重威道："你知道这里是什么地方？"

大胡子道："是绣花的地方！"

江重威冷笑道："难道你是特地到这里来绣花的？"

大胡子点点头，道："因为我要绣的，只有在这里才能绣得出！"

江重威道："你要绣什么？"

大胡子道："绣一个瞎了眼的江重威！"

江重威仰面狂笑。他只有在怒极杀人时，才会如此狂笑。狂笑声中，他的人已扑过去，双掌虎虎生风，用的正是裂石开碑的铁砂掌力。他突然觉得掌心一麻，就像是被蜜蜂叮了一口，掌上的力量竟突然消失无踪。就在这时，一阵闪动的寒芒，已到了他眼前。

十三太保横练，虽然是并世无双的硬功，却也练不到眼睛上的。

外面的卫士突然听见一阵惊呼，赶过去时铁门已从里面关了起来。等他们撬开门进去时，江重威已晕倒在地上，一块鲜红的缎子，盖着他的脸。缎子上绣着朵黑牡丹！

03

禅房里燃着香。花满楼已沐浴熏香,静坐在等候。

要想尝到苦瓜大师亲手烹成的素斋,不但要沐浴熏香,还得要有耐性。苦瓜大师并不是轻易下厨的,那不但要人来得对,还得要他高兴。今天的人来得很对,除了花满楼外,还有黄山古松居士,和号称围棋第一、诗酒第二、剑法第三的木道人。

这些人当然都不是俗客,所以苦瓜大师今天也特别高兴。苍茫的暮色中,终于传来了清悦的晚钟声。花满楼走出去的时候,古松居士和木道人已经在院子里等他。晚风吹过竹林,暑气早已被隔绝在红尘外。

花满楼微笑道:"要两位前辈在此相候,实在是不敢当。"

木道人笑了,这位素来脱略形迹,不修边幅的武当长老,此刻居然也脱下了他那件千缝万补的破道袍,换上了件一尘不染的蓝布衫。

就为了不愿受人拘束,他情愿不当武当掌门,可是要尝苦瓜大师的素斋,他也只好委屈点了。

苦瓜大师的怪脾气,是人人都知道的。

古松居士却叹了口气,道:"看来你这老道果然没有说错。"

花满楼道:"道长说什么?"

木道人笑道:"我说你一定知道我们在这里,就算我们一动也不动,你还是知道!"

古松居士叹道:"但我却还是想不出,他怎么会知道的?"

木道人道:"我也想不出,只不过我有个你比不上的好处。"

古松居士道:"什么好处?"

木道人微笑道:"想不出的事,我就从来也不去想!"

古松居士也笑了,道:"所以我常说你若不喝酒,一定能活到三百岁!"

木道人道:"若是没酒喝,我为什么要活到三百岁?"

禅房里竹帘低垂,隔着竹帘,已可嗅到一阵阵无法形容的香气,足以引起任何人的食欲来。

古松居士叹道:"苦瓜大师的素席,果然是天下无双。"

木道人笑道:"他自己常说,他做的素菜就算菩萨闻到,都会心动的。"

古松居士道:"看来现在菜已上桌了,我们还等什么?"

他们掀起竹帘走进去,忽然怔住。菜不但已摆上了桌,而且已有个人坐在那里,开怀大吃。

这不速之客居然没有等他们,居然既没有熏香,也没有沐浴。事实上,这人的身上不但全是泥,而且全身都是汗臭气。苦瓜大师居然没有赶他出去,居然还在替他夹菜,好像生怕他吃得还不够快。

木道人叹了口气,道:"这和尚偏心。"

古松居士道:"他请的是我们,却让别人先来吃了。"

木道人道:"他一定要我们去熏香沐浴,这人却好像刚从泥里打过滚出来的!"

苦瓜大师大笑,道:"和尚的确偏心,但也只不过对他一个人偏心而已,你们生气也没用。"

木道人道:"你为什么要对他偏心?"

苦瓜大师道:"因为遇见了这个人,连我也没法子了。"

木道人也笑了,道:"我不怪你,上次这人偷喝了我两坛五十年陈年的女儿红,我只有看着他干瞪眼!"

花满楼苦笑道:"遇见了这个人,只怕连菩萨都没法子。"

这个人当然就是陆小凤。

04

一盆素火腿,一盆锅贴豆腐,都已碟子底朝了天,陆小凤才总算停了下来,向这三个人笑了笑,道:"你们尽管骂你们的,我吃我的,你们骂个痛快,我也正好吃个痛快。"

木道人大笑,道:"别人上你的当,我不上。"他也坐下来,眨眼间三块素鸭子已下了肚。

花满楼在陆小凤旁边坐下来,立刻皱起了眉,道:"你平时本来不太臭的,今天闻起来怎么变得像是条刚从烂泥里捞出来的狗?"

陆小凤道:"因为我已经有十天没洗澡了。"

花满楼吃惊道:"几天?"

陆小凤道:"十天。"

花满楼皱眉道:"这些天你在干什么?"

陆小凤道:"我很忙。"

花满楼道:"忙什么?"

陆小凤道:"忙着还债,赌债。"

花满楼道:"你欠了谁的赌债?"

陆小凤叹了口气,道:"除了司空摘星那混蛋,还有谁?"

花满楼道:"你怎么会输给他的?"

陆小凤苦笑道:"上次我跟他比赛翻跟斗,赢得他一塌糊涂,这次他居然找上了我,要跟我比赛翻跟斗了,你说我怎么会不答应!"

花满楼道:"你当然会答应!"

陆小凤道:"谁知这小子最近什么事都没有做,就只在练翻跟斗,一个时辰居然连翻了六百八十个跟斗,你说要命不要命?"

花满楼道:"你输给他的是什么?"

陆小凤道:"我们约好了,我若赢了,他以后一见面就给我磕头,叫我大叔;我若输了,就得在十天内替他挖六百八十条蚯蚓,一个跟斗,一条蚯蚓。"

花满楼笑了,道:"这就难怪你自己看来也像是蚯蚓了。"

木道人也忍不住大笑,道:"你真的替他挖到了六百八十条蚯蚓?"

陆小凤又叹了口气,苦笑道:"开始的那几天蚯蚓好像还很多,到后来那几天,要找条蚯蚓简直比癞蛤蟆找老婆还难。"

古松居士也忍不住问道:"那位偷王之王要这么多蚯蚓干什么?"

陆小凤恨恨道:"他根本就不要蚯蚓,只不过想看我挖蚯蚓而已!"

木道人大笑,道:"想不到陆小凤也有这么样一天,这实在是大快人心!"

陆小凤眼珠子一转,道:"你是不是也想跟我赌一赌?"

木道人道:"赌什么?"

陆小凤道:"赌酒。"

木道人笑道:"我不上你这个当。"

陆小凤眼角瞟着他,道:"你难道认输了?"

木道人道:"我早就认输了,喝酒我喝不过你,剑法我比不上西门吹雪和叶孤城,你若真的要赌,我就跟你赌围棋!"

陆小凤大笑道:"你以为我会上你这个当?"

木道人傲然道:"别人都知道我围棋天下第一,却不知除了围棋之外，我还有件事是谁也比不上的！"

陆小凤道："什么事？"

木道人道："吃饭，你敢不敢跟我赌吃饭？"

陆小凤叹道："我本来是想赌的，只可惜我不是饭桶！"

木道人也叹了口气，道："想不到鼎鼎大名的陆小凤也会认输，真是难得得很。"

苦瓜大师忽然道："其实近来江湖中最出风头的人，早已不是他了！"

陆小凤道："不是我是谁？"

苦瓜大师道："你猜呢？"

陆小凤道："西门吹雪？"

花满楼道："据说他最近一直在陪着峨嵋四秀中那位孙姑娘，已经很久没有在江湖中露面！"

陆小凤道："想不到他也有这么样一天，我本来以为他迟早要做和尚的！"

苦瓜大师道："佛门中不要这种和尚！"

陆小凤道："若不是西门吹雪，难道是叶孤城？"

苦瓜大师道："也不是！"

木道人道："叶孤城最近病得很重！"

陆小凤愕然道："他也会病？什么病？"

木道人笑道："跟我一样的病，无论谁得了这种病，都不会再想出风头了！"

陆小凤想了想，道："那么难道是老板和老板娘？"

花满楼笑道："老板的懒病更重！"

陆小凤道："老实和尚也不是喜欢出风头的人，大悲禅师更不是……"

他沉吟着，又道："莫非是栖霞山的那条母老虎？"

苦瓜大师道："不是，这个人你非但不认得，而且连听都没有听说过！"

陆小凤道："他究竟是个什么样的人？"

苦瓜大师道："是个会绣花的男人！"

陆小凤怔了怔，又笑道："会绣花的男人其实也不少，我认得的裁缝师傅中，就有好几个是会绣花的！"

苦瓜大师道："可是他不但会绣花，还会绣瞎子！"

陆小凤又怔了怔，道："绣瞎子？"

苦瓜大师道："据说他最近至少绣出了七八十个瞎子！"

陆小凤道："瞎子怎么绣？"

苦瓜大师道："用他的绣花针绣，两针绣一个！"

陆小凤总算已有些明白了，道："他绣出的瞎子都是些什么人？"

苦瓜大师道："其中至少有四五个是你认得的！"

陆小凤道："谁？"

苦瓜大师道："常漫天、华一帆、江重威……"

他还没有说完，陆小凤已动容道："东南王府的江重威？"

苦瓜大师道："除了他还有别的江重威？"

陆小凤皱眉道："但这个江重威自从进了王府以后，就绝不再管江湖的事了，怎么会惹上这个人的？"

苦瓜大师道："他根本没有惹这个人，是王府里的十八斛明珠惹的！"

陆小凤道："这人不但刺瞎了江重威，还盗走了王府的十八斛明珠！"

苦瓜大师道："另外还得加上华玉轩珍藏的七十卷价值连城的字画、镇远的八十万两镖银、镇东保的一批红货、金沙河的九万两金叶子！"他叹了口气，接着道，"据说这人在一个月之间，就做了六七十件大案，而且全都是他一个人单枪匹马做下来的，你说他是不是出尽风头？"

陆小凤也不禁叹道："这些事我怎么没有听到过？"

苦瓜大师道："你最近一直都在西北，这些事都是在东南一带发生的，前几天才传到这里来，你又偏偏在忙着挖蚯蚓！"

陆小凤道："这是最近才传来的消息，但你却已知道了！"

苦瓜大师道："嗯！"

陆小凤道："你是什么时候变得消息如此灵通的？"

苦瓜大师叹了口气，道："莫忘记我一直有个消息最灵通的师弟。"

陆小凤道："金九龄？"

苦瓜大师苦笑道："幸好我只有这么样一个师弟！"

陆小凤忽然长长叹了口气，道："我明白了。"

苦瓜大师道："你明白了什么？"

陆小凤道："金九龄是江重威的好朋友，又是当年的天下第一名捕，虽然早已洗手不干，但这些事他还是非管不可的。"苦瓜大师承认，无论谁只要吃了一天公门饭，就一辈子再也休想脱身了。

苦瓜大师叹道："我直到现在还不懂，他当初为什么会吃这行饭！"

木道人道："你难道要他也做和尚？"

苦瓜大师道："和尚至少没有这么多麻烦！"

木道人笑道："但和尚也没有老婆！"

苦瓜大师不说话了。江湖中人人都知道，金九龄一生中最大的毛病，就是风流自赏。他昔年入了公门，据说也是为了个女人。

陆小凤道："金九龄被公认为六扇门中，三百年来的第一位高手，无论大大小小的案子，只要到了他手里，就没有破不了的。"

苦瓜大师叹道："所以我总认为他最大的毛病就是太逞能，聪明太过了度。"

陆小凤道："但无论多聪明的人，迟早也总有一天会遇着他解决不了的难题。"

苦瓜大师同意。

陆小凤道："这件案子，也许就正是他解决不了，所以他一定要找个帮手！"

苦瓜大师也承认。

陆小凤道："你既然只有这么样一个师弟，当然要帮着他找帮手！"他叹了口气，苦笑道："最倒霉的是，我恰巧就是个最理想的帮手，无论谁遇着解决不了的事，总是会来找我的，所以……"

苦瓜大师道："所以怎么样？"

陆小凤叹道："所以你请我来吃这顿饭，只怕没安什么好心。"

苦瓜大师道："莫忘记这是你自己撞上来的，我并没有请你来！"

陆小凤苦笑道："也许我正好倒霉，所以才会一头撞到这里来！"

木道人笑道："你最近好像一直都在倒霉！"

陆小凤道："但这次我却说什么也不干了，管他会绣花也好，会补裤子也好，都不关我的事，这件事说出大半天来我也不会管的！"

苦瓜大师淡淡道："他并没有要你管这件事，你何必自作多情！"

陆小凤怔了怔，道："他没有？"

只听一个人微笑道："我真的没有！"

这个人当然就是金九龄。

05

江湖中有很多人都知道，金九龄身上有两样东西是很少有人能比得上的。他的衣服，和他的眼睛。金九龄的眼睛并不特别大，也并不特别亮，但只要被他看过一眼的，他就永远也不会忘记。

金九龄穿的衣服，质料永远最高贵，式样永远最时新，手工永远最精致。他手里的一柄折扇，也是价值千金的精品，必要的时候，还可以当作武器。金九龄认穴打穴的功夫，都是第一流的，事实上，他无论什么事都是第一流的。

不是第一流的酒，他喝不进嘴；不是第一流的女人，他看不上眼；不是第一流的车，他绝不去坐。但他却并不是第一流的有钱人，幸好他还有很多赚钱的本事。他精于辨别古董字画，精于相马，就凭这两样本事，已足够让他永远过第一流的日子。

何况他还是个很英俊、很有吸引力的男人，年纪看来也不大，这使得他在最容易花钱的一件事上，省了很多钱。别人要千金才能博得一笑的美人，他却往往可以不费分文。

所以他生活一向过得很优裕，保养得一向很好，看来绝不像是个黑道上朋友闻名丧胆的武林高手，却像是个走马章台的花花公子。

看到他进来，古松居士立刻问道："你最近有没有找到什么精品？"

古松居士生平最大的癖好，就是收集古董字画，他珍藏的精品绝不在华玉轩之下。

金九龄微笑道："天下的精品都已被居士带上了黄山，我还能找到什么？"

古松居士道："连好画都没有一幅？"

金九龄沉吟着，又笑了笑，道："我身上倒带着幅近人的花卉！"

古松居士道："快拿出来看看！"

金九龄已微笑着拿了出来——是块鲜红的缎子，绣着朵黑牡丹。

古松居士怔了怔，道："这算是什么？"

金九龄笑道："最近针绣也很抢手。"

古松居士道："这难道是神针薛夫人的真迹？"

金九龄道："不是，这是个男人绣的。"

古松居士动容道："就是那个会绣花的男人？"

金九龄点点头，道："这正是他在王府宝库中绣的。"

陆小凤道："他真在那里绣花？"

金九龄又点点头，道："江重威打开门进去的时候，他就正在里面绣这朵花！"

陆小凤皱眉道："王府的宝库，警戒森严，他怎么进得去的？"

金九龄苦笑道："没有人知道他是怎么进去的，也没有人能猜得出。"

陆小凤道："他连一点线索都没有留下来？"

金九龄道："没有。"

陆小凤道："他是个怎么样的人？"

金九龄道："是个长得满脸大胡子，在热天还穿着件大棉袄的人。"

陆小凤道："还有呢？"

金九龄道："他是个男人，不但会绣花，而且绣得很不错！"

陆小凤道："你就知道这么多？"

金九龄道："我就只知道这么多，别人也一样，绝不会有任何人知道得比我多一点。"

陆小凤道:"他的武功是什么路数?"

金九龄道:"不知道!"

陆小凤道:"连江重威都没有看出来?"

金九龄叹了口气道:"连常漫天那么样的老江湖,都没有看出他是怎么出手的,何况江重威?"

陆小凤道:"江重威的铁掌硬功,已可算是东南第一。"

金九龄叹道:"但他却也连还手的机会都没有!"

陆小凤皱起了眉,道:"这么样一个厉害人物,怎么会忽然就凭空钻了出来?"

苦瓜大师冷冷道:"你既然不想管这件事,又何必问?"

陆小凤道:"问问有什么关系?"

金九龄苦笑道:"当然没关系,只不过我知道的,现在你也全都知道了。"

陆小凤盯着他,忽然又问道:"你为什么要把这件事全都告诉我?"

金九龄道:"因为你在问!"

陆小凤道:"没有别的原因?"

金九龄道:"没有。"

陆小凤道:"你不是故意在这里等着我的?"

金九龄又不禁苦笑,道:"我怎么知道你会来?"

陆小凤道:"你本来并没有要找我的意思?"

金九龄道:"没有。"

陆小凤笑道:"很好,那我就可以放心喝酒了。"他嘴里虽然在说很好,笑得却很不自然,甚至连酒都似已喝不下去。

金九龄忽然又笑道:"可是你现在既然来了,我倒有件事想请教!"

陆小凤的眼睛立刻亮了，笑道："我早就知道你一定有事要请教我的！"

金九龄道："能找出这个绣花大盗，揭破这些秘密的人，放眼天下，也许只有一个。"

陆小凤的眼睛更亮——能解决这种难题的人，除了他还有谁？

但他却偏偏故意问道："却不知你说的这人是谁？"

金九龄道："司空摘星！"

陆小凤怔了怔，道："你说的是谁？"

金九龄道："司空摘星……"

陆小凤的嘴闭了起来，连理都不想理他了。

金九龄却好像有点不知趣，接着又道："司空摘星号称偷王之王，的确是江湖中百年难得一见的奇才，世上若只有一个人能查出那绣花大盗是怎么进入王府宝库的，这个人一定是司空摘星。"

陆小凤已开始喝酒，连听都懒得听了。

金九龄却偏偏又接着道："这件案子若想要破，就一定要找到司空摘星，只可惜他一向是神龙见首不见尾，只有你也许会知道他的行踪，所以……"

陆小凤忍不住道："所以你要找我打听他的行踪？"

金九龄道："正有此意。"

陆小凤忽然用力放下酒杯，道："你跟我说了半天废话，为的就是要找他？"

金九龄叹了口气，道："除了他之外，我还能找谁呢？"

陆小凤忽然跳起来，指着自己的鼻子，大声道："我，你为什么不能找我？"

金九龄笑了，摇着头笑道："你不行！"

陆小凤跳得更高："谁说我不行？"

金九龄道:"这种事绝不是你能办得了的!"他居然还在摇头。

陆小凤道:"我为什么办不了?"

金九龄淡淡道:"因为这件案子实在太棘手,而且你也根本不想管这件事!"

陆小凤大吼道:"谁说我不想管的?我就偏偏要管给你看。"

金九龄道:"我还是赌你破不了这件案子!"

陆小凤一拍桌子,道:"好,随便你要赌什么,我都跟你赌了!"他这句话还没有说完,已发现别人在笑。每个人都在笑,那种笑就像是忽然看见有人一脚踩到狗屎时一样。陆小凤忽然发觉自己的脚踩在一堆狗屎上,好大好大的一堆。他再想将这只脚拔出来,已经太迟了。

木道人微笑着叹了口气,喃喃道:"请将不如激将,这句话倒真是一点也不错。"

06

席已散了。古松居士一向最注意养生之道,起得早,睡得也早。木道人有懒病,苦瓜大师有晚课,云房里只剩下三个人。

陆小凤眼睛盯着那块红缎子上的黑牡丹,忽然问道:"这人第一次出现是什么时候?"

金九龄道:"六月初三,第一个碰上他的人是常漫天。"

陆小凤道:"最后一次呢?"

金九龄道:"我知道的最后一次是在十三天之前,这几天是不是又有新案子,我就不知道了!"

陆小凤道:"十三天之前司空摘星正在跟我比翻跟斗,可见这人绝不是他。"

金九龄道："我本来就没有怀疑他！"

陆小凤冷冷道："你本来也并没有真的想请他做帮手！"

金九龄笑了，道："我知道你刚替他挖了六百多条蚯蚓，一定还有满肚子怨气！"

陆小凤道："所以你故意用他来激我？"

金九龄笑道："若不是这法子，怎么能拖你下水？"

陆小凤叹了口气，道："吃你们这行饭的朋友，看来真不能交！"

金九龄道："不管怎么样，现在我们都已在水里了，总得想个法子把身上弄干净。"

陆小凤沉吟着，道："第一，我们一定要先查出这个人究竟是什么来历。"

金九龄道："不错。"

陆小凤道："据我看来，这个人的手脚又干净，武功又高，绝不会是刚出道的新手。"

金九龄道："我也这么样想，他一定是个很有名的人故意扮成这样子，却偏偏猜不出他是谁！"

陆小凤道："他故意装上大胡子，穿上大棉袄，坐在路上绣花，为的就是要将别人的注意力引开，就不会注意到他别的地方了！"

金九龄笑道："看来你也该吃我这行饭的，就连我这个在六扇门里混了十来年的老狐狸，看得也没有你这么准。"

陆小凤故意板着脸，道："现在我反正已经被你拖下水了，你何必还要拍我的马屁！"

金九龄大笑道："千穿万穿，马屁不穿，多拍马屁总没错的！"

花满楼忽然道："一个人的伪装无论多么好，多少总有些破绽要露出来的，常漫天他们也许没有注意到，也许虽然注意到，却又疏忽了。"

金九龄道:"很可能!"

花满楼道:"所以我们若是再仔细问问他们,说不定还可以问出点线索来!"

陆小凤皱起了眉,道:"我们?"

花满楼道:"我们!"

陆小凤道:"'我们'其中也包括了你?"

花满楼笑了笑,道:"莫忘记我也是瞎子,瞎子的事我怎么能不管?"陆小凤和金九龄对望了一眼,都有点讪讪地不好意思。他们刚才瞎子长,瞎子短地说了半天,竟忘了旁边就有个瞎子。大家竟好像从来也没有真的将花满楼当作个瞎子!

陆小凤咳嗽了两声,道:"好,我们分头办事,你们两个去找常漫天和江重威!"

金九龄道:"你呢?"

陆小凤将手里的红缎子藏在怀里,道:"我要把这样东西带走,去找一个人!"

金九龄道:"去找谁?"

陆小凤道:"找一条母老虎!"

金九龄道:"哪一条?"

陆小凤笑道:"当然是最漂亮的一条。"

金九龄也笑了笑,道:"莫忘记最漂亮的一条,也就是最凶的一条,你小心被她咬一口!"

花满楼淡淡道:"他一定会小心的!"

金九龄道:"为什么?"

花满楼微笑道:"因为他已经被咬过好几口了!"

武林中有四条母老虎。四条母老虎好像都咬过陆小凤几口。

第二章

不绣花的女人

01

山。绿色的山，在黄昏时看来，就仿佛变成了一种奇幻瑰丽的淡紫色。现在正是黄昏，山坡上开满了月季和蔷薇。两个梳着大辫子的小姑娘，正在山坡上摘花，嘴里还在轻轻地哼着山歌。

她们的歌声比春风更轻柔，她们的人比花更美。陆小凤走上山坡的时候，她们的歌声忽然停顿，一起瞪大了眼睛，盯着陆小凤。幸好陆小凤时常都在被女人盯着看的，所以他的脸并没有红，反而笑了。

"喂，你这人是来干什么的？"这小姑娘大大的眼睛，鼻子上有几粒淡淡的雀斑，看来更显得俏皮爱娇。

陆小凤笑道："花开得这么好，我来看看也不行？"

"不行！"有雀斑的小姑娘眼睛瞪得更大，道，"这地方是我们的，我们不欢迎男人！"

陆小凤叹了口气，道："女孩子不可以这么凶的，太凶的女孩子只怕嫁不出去！"

"所以我从来也不凶！"另一位女孩子圆圆的脸，笑起来脸上两个酒窝，看来果然又温柔、又甜蜜。她甜甜地笑着，又道："你既然喜欢花，我送你两朵花好不好？"

陆小凤笑道："好极了。"

有酒窝的这女孩子已走过来，甜笑着把手伸入了花篮。她从花篮里拿出来的并不是鲜花，而是把剪刀，突然向陆小凤刺了过去。这个又甜蜜、又温柔的小姑娘，出手竟又凶、又快、又狠。

陆小凤吃了一惊。幸亏这已不是第一次有女人用剪刀刺他了，他居然好像早已在提防着，身子一转，就退出了七八尺。

有雀斑的小姑娘大声道："这人看样子就不像好东西，莫要放他走！"

她手里也拿起了把剪刀，一下子刺了过来。她的出手也不慢。

陆小凤苦笑道："这剪刀是剪花的，你们怎么能用来剪人？"他避开了几招，这两个小姑娘的出手却愈来愈凶，他忍不住想出手把剪刀夺过来了，身上被刺出个大洞来，并不是好玩的事。

就在这时，山坡上忽然出现了一个人，微笑着道："你们要剪，最多也只能剪下他那两撇小胡子来，千万不能真的剪死他！"

她穿着件雪白的衣服，又轻又软，俏生生地站在山坡上，就像是随时都可能被风吹走。

她正在看着陆小凤，眼睛里带着种谁也说不出有多么温柔的笑意。

两个小姑娘突然住手，凌空翻身，掠到她面前："姑娘认得这个人？"

"嗯！"

"这个人是谁？"

"你们难道看不出他有四条眉毛？"

"陆小凤？这个人就是陆小凤？"两个女孩子一起笑了，吃吃地笑着道，"这就难怪他笑得像贼一样了！"

陆小凤叹了口气，苦笑道："小姐是条母老虎，想不到丫头比小姐还凶，若不是我机灵，现在身上说不定已多了十七八个洞。"

小姐咬了咬嘴唇，道："谁叫你这么久不来看我的？我实在也恨不得刺你十七八个洞，只可惜……"她并没有说出下面的话，她的脸已红了，红得就像是远山的夕阳一样。她居然很害羞。

陆小凤看着她，竟已看得痴了。

小姐的脸更红，轻轻道："人家的脸又没有花，你死盯着人家看什么？"

陆小凤又叹了口气，喃喃道："这么样一个羞人答答的小姑娘，居然就是江湖中人人见了都头大的'冷罗刹'薛冰，你说奇怪不奇怪？"

薛冰道："你见了我也头大？"

陆小凤叹道："我的头虽然没有大，心却跳得比平常快了三倍！"

有酒窝的女孩子又笑了，悄悄地笑道："这人虽然长着双贼眼，一张嘴却比蜜还甜。"

另一个女孩子也悄悄地笑道："若不是嘴甜，小姐怎么会时时刻刻地想着他？"

薛冰瞪了她们一眼，红着脸道："多嘴的丫头，谁说我在想着他这个负心贼？"她亦嗔亦笑，似羞似恼，满天艳丽的夕阳，都似已失却了颜色。

陆小凤叹息着，喃喃道："我的确早就该来的，为什么直等到今天？"

薛冰嫣然道："我知道你为了什么。"

陆小凤道："你知道？"

薛冰又咬起了嘴唇，道："你看见了我，就忘记了别人，看见了别人，就忘记了我，你本就是个没良心的负心贼！"

陆小凤苦笑道："早知道来了要挨骂，倒不如不来了！"

薛冰冷笑道："你以为我猜不出你的小心眼？若没有事求我，你会来？"

陆小凤只有承认："我的确有事，却不是来求你的！"

薛冰板起脸，道："你说，你究竟是来找谁的？"

陆小凤道："找老太太！"

薛冰奇怪了："你又在玩什么花样？找她老人家干什么？"

陆小凤道："有件事想问问她！"

薛冰道："我不许你去麻烦她老人家，你有事问我也一样！"

陆小凤道："只可惜这件事你绝不会懂的！"

薛冰道："什么事我不懂？"

陆小凤道："绣花。"

薛冰更奇怪："绣花？你也想学绣花？你几时变成裁缝的？"

陆小凤道："难道只有裁缝才能学绣花？"

薛冰道："打死我，我也不信你真的想学绣花！"

陆小凤也只有承认："但我却真的有事想请教她老人家，你就带我去吧！"

薛冰道："莫忘记我也是'针神'薛夫人的后代，你为什么不来请教我？"

陆小凤叹道："因为我知道你是从来也不肯动一动绣花针的，你自己告诉过我，只要一拿起绣花针，就想打瞌睡！"

薛冰道："我说的话你居然还记得？"

陆小凤道："每句都记得，所以你更该快点带我去见她老人家！"

薛冰似笑非笑地瞅着他，道："我就偏不带你去，看你怎么样？"

薛老太太今年已七十七了，但无论谁也看不出她已是个七十七岁的女人。在不甚光亮的场合，有许多人甚至会认为她最多只不过三十七八，她的态度永远是端庄而完美的，眼睛依旧明亮，风采依然动人,尤其是看见她喜欢的年轻人时,她的眼睛里甚至会露出种少女般的娇憨天真。

陆小凤就是她喜欢的年轻人,陆小凤也很喜欢她。他总是希望每个女人到了她这种年纪,都还能像她一样美丽——他总是希望这世界变得更可爱些。

薛老太太正在看着他,微笑着道:"你应该时常来看看我的,像我这么大年纪的女人,对你已经没有什么危险了,你至少用不着怕我逼着你娶我!"

陆小凤故意叹道:"我是想常常来的,可是薛冰总是不让我来。"

薛老太太道:"哦?"

陆小凤道:"她今天就不肯带我来!"

薛老太太道:"为什么?"

陆小凤眨了眨眼,道:"我也不知道她为了什么,我猜她一定是在吃醋!"

薛老太太吃吃地笑了,眼睛开始亮了,脸上的皱纹也在缩退。

陆小凤立刻乘机将那块缎子递过去,道:"这样东西还得请你看看!"

薛老太太只用眼角瞥了一眼,脸上立刻露出不屑之色,摇着头道:"这有什么好看的?我六岁的时候绣得就比他好。"

陆小凤笑道:"我不是请你看上面绣的花,是请你看看这缎子和丝线。"

薛老太太道:"这些东西我也不知道看过几千几百万遍了,你还要我看?"

陆小凤道:"就因为你看得多,所以才要请你的法眼鉴定一下,这缎子和丝线是什么地方出的?哪一家卖的?"

薛老太太接过来,由指尖轻轻一触,立刻道:"这缎子是京城福瑞祥的货，丝线是福记卖出来的，两家店是一个老板，就在贴隔壁。"

陆小凤道："只有在京城他们的本店才能买得到这种货？"

薛老太太道："这两家店都是只此一家，别无分号！"

陆小凤道："有没有销到外地去的？"

薛老太太道："外地就算有也是客人自己买了带回去的！"她又解释着道，"这两家店出的货都是精品，自制自销，产量并不多，门面也不大，老板杨阿福是个很本分的人，并不想发大财！"

陆小凤道："他的店开在京城什么地方？"

薛老太太道："在王寡妇斜街后面，一条很僻静的巷子里，几十年来一直都没有扩充门面，除了真正的内行外，也很少有人会找到那里去买！"她忽然笑了笑，又道，"说老实话，你是不是被这女人迷住了，人家却偏偏躲着你，所以你想凭这样东西去把她找出来？"

陆小凤已怔住，怔了半天，才失声道："女人？这难道是女人绣的？"

薛老太太道："当然是女人绣的。"

陆小凤道："你……你会不会看错？"

薛老太太有点不高兴了，板起脸道："你看女人会不会看错？会不会把老太婆看成小姑娘？"

陆小凤道："不会。"

薛老太太道："我看这种东西，比你看女人还内行十倍，我若看错了，情愿把我这宝贝孙女儿输给你。"

陆小凤赔笑道："你就算真的输给了我，我也不敢要。"

薛老太太瞪眼道："为什么不敢要？难道她生得丑了？"

陆小凤笑道："丑倒是一点也不丑，只不过太凶了一点，上次我被她咬了一口，连耳朵都差点被咬掉。"薛冰一直乖乖地站在旁边，此刻脸又飞红了起来，头垂得更低。

薛老太太也笑了，道："你们都说她凶，我看她非但一点也不凶，而且还乖得要命！"

她拉起了薛冰的手，又笑道："你这孩子唯一的毛病，就是太会害臊了，其实这有什么好脸红的？女人咬男人，本就是天经地义的事！"

薛冰连耳根都红了，轻轻道："我才不会咬他哩，他好臭！"

薛老太太笑道："你若没有咬人家，怎么会知道人家臭！"

薛冰嘤咛一声，扭头就跑，跑得虽然快，却还是没忘记偷偷瞪了陆小凤一眼，悄悄道："你小心点！"陆小凤看着她，似又看得痴了。

薛老太太眯起眼，笑道："你是不是也想跟出去？去呀！这也没什么好难为情的！"

陆小凤迟疑着，眼睛一直盯着她手里的红缎子。

薛老太太笑道："你盯着看什么？难道还怕我不还给你？"她微笑着，将这块红缎子抛给了陆小凤，又道，"若是有两块，我还可以做双鞋子给丫头穿，只有一块……"

她还没说完，陆小凤已抢着道："你说这可以做什么？"

薛老太太道："当然是做鞋子，这本来就是个鞋面。"

陆小凤仿佛又怔住，讷讷道："是不是可以做双红鞋子？"

薛老太太摇着头笑道："当然是红鞋子，红缎子怎么能做出双黑鞋子来？看你长得满聪明的，几时变成个呆子的？"

陆小凤叹了口气，道："刚刚才吓呆的！"

薛老太太道："你怕什么？"

陆小凤道："我怕她躲在门外等着咬我！"

他果然一出门就被咬了一口。薛冰果然就在外面等着他，咬得还很不轻。

陆小凤摸着耳朵，苦笑道："看来我简直已快变成诸葛亮了，简直是料事如神。"

薛冰瞪着他，狠狠地道："谁叫你刚才乘机欺负我的？而且居然还想挑拨离间，说我不带你来，我若不带你来，你怎么来的？我没有真的咬下你这只耳朵来，对你已经很客气了。"

陆小凤只有闭上嘴，女孩子在存心找麻烦的时候，聪明的男人都会闭上嘴的。

薛冰忽然又一把抢过了他手里的红缎子，道："我问你，这东西究竟是谁绣的，你为什么拿它当宝贝一样？"

陆小凤道："因为它本来就是个宝贝。"

薛冰冷笑道："见鬼的宝贝，我看它连一文都不值！"

陆小凤道："这次你就说错了，它最少也值十八斛明珠、八十万两镖银、九千两金叶子！"

薛冰吃惊地看着他，道："你疯了？"

陆小凤道："我没有。"

薛冰道："若没有疯，怎么会满嘴胡说八道！"

陆小凤叹了口气，他知道就算不把这件事告诉她，迟早也会被她逼出来的，那就不如索性自己先说出来的好。

薛冰静静地听着，眼睛里也发出了光，等他说完了，才问道："除了这样东西外，难道连一点别的线索都没有？"

陆小凤道："没有。"

薛冰道："所以你现在想到京城的福瑞祥去，问问这块料子是几时卖出的？是谁买的？"

陆小凤道："我只希望最近去买这种红缎子的人不多。"

薛冰眨着眼，道："绸缎庄里的生意，好像每年都记账的！"

陆小凤道："所以我现在就得赶快去！"

薛冰道："好，我们明天一早就动身！"

陆小凤怔了怔，道："我们？"

薛冰道："我们。"

陆小凤道："'我们'其中还包括你？"

薛冰道："当然！"

陆小凤淡淡道："其中若包括了你，就一定不包括我了！"

薛冰瞪眼道："你不想带我去？"

陆小凤道："不想。"

薛冰瞪着他看了半天，眼珠子忽然转了转，道："刚才她老人家说到红鞋子的时候，你好像吃了一惊？"

陆小凤道："嗯！"

薛冰道："你是不是看过穿红鞋子的人？"

陆小凤道："穿红鞋子的人很多！"

薛冰道："但其中却有些人是很特别的，譬如说，有些本不该穿红鞋子的人，偏偏也穿着双红鞋子。"

陆小凤开始动容了，他还没有忘记，那个冒牌大金鹏王临死时，手里紧紧抓住的那只红鞋子。

薛冰当然不会错过他脸上这种表情，悠然道："你知不知道这些人为什么一定要穿红鞋子？"

陆小凤道："不知道。"

薛冰道："你知不知道这些穿红鞋子的，是些什么人？你知不知道红鞋子有什么秘密？"

陆小凤道："不知道。"

薛冰道："我知道。"

陆小凤深深吸了口气，心又跳得快了起来，"红鞋子的秘密"，的确已打动了他。可是他并没有问。他知道现在就算问，薛冰也不会说的。

薛冰用眼角瞟着他，悠悠地问道："你想不想知道这些秘密？"

陆小凤道："想。"

薛冰道："那么，现在你想不想带我到京城去？"

陆小凤苦笑道："当然想，想得要命。"

02

陆小凤很不喜欢坐车，他宁愿骑马，甚至宁愿走路。但现在他却坐在马车上，因为薛姑娘喜欢。薛姑娘一向是个文文静静，连走路都不会跨大步的人——至少她总是喜欢装出这种样子。

幸好车子走得很稳，因为路很平坦，往京城去的大道，总是很平坦的。陆小凤坐在车上，摸着下巴，下巴好像很酸。他忽然发现自己最近苦笑的次数实在太多了，笑得下巴都发了酸。薛冰就坐在对面，看着他，眼睛里还是充满了那种谁也说不出有多温柔的笑意。

陆小凤忍不住道："现在你总可以说出那秘密来了吧！"

薛冰道："什么秘密？"她居然好像已完全忘了这回事！

陆小凤道："当然是红鞋子的秘密！"

薛冰道："噢——这个秘密呀，这个秘密还没有到说的时候！"

陆小凤道："要等到什么时候才能说？"

薛冰道："等到我高兴的时候，我现在还不太高兴！"

陆小凤道："为什么不高兴？"

薛冰道："无论谁跟一个大傻瓜坐在对面，都不会高兴的。"

陆小凤道："谁是大傻瓜？"

薛冰道："你。"

陆小凤忽然发现自己又在苦笑："我究竟是负心贼？还是大傻

瓜？"

薛冰道："两样都是。"她悠然笑了笑，又道，"因为你若不是负心贼，就不会对我这么坏，若不是大傻瓜，就不会眼巴巴地要赶到京城去！"

陆小凤奇怪了："为什么要到京城去就是大傻瓜？"

薛冰道："我问你，你想去干什么？"

陆小凤道："你明明知道的！"

薛冰道："去问福瑞祥的伙计，这块缎子是谁买的？"

陆小凤道："不错！"

薛冰道："这么样的缎子，他们一天也不知要卖出多少，就算他们全都记得，你难道还能一个个地找去问？"

陆小凤道："但只买红缎子和黑丝线的人，却不会太多。"

薛冰道："而且，这个人既然一向独来独往，当然是自己去买的。"

陆小凤道："不错，这种事本就很秘密，最好不让第二个人知道！"

薛冰突然冷笑，道："但你凭什么知道她只买黑丝线和红缎子？"

陆小凤道："因为她只用了这两样。"

薛冰道："所以她也只能去买这两样东西，别的她全不能买？难道有人不准她多买几样？"

陆小凤道："可是她只用得着这两样！"

薛冰冷笑道："用不着的，她就不能买？难道她一定要买很多黑丝线和红缎子，来引起别人的注意，好让你去抓她？难道你以为她也跟你一样，是个大傻瓜？"

陆小凤说不出话来了。

薛冰道："这种事既然很秘密，她怎么会留下这种很明显的线索来，让你去找？若是会留下一点线索，等你去找的时候，她说不定也早就将福瑞祥一把火烧得干干净净了。"

陆小凤怔了半天，才叹了口气，道："这么看来，我的确像是个大傻瓜。"

薛冰道："而且也是个负心贼！"

陆小凤道："所以京城根本就是不必去的！"

薛冰道："去了也是白去。"

陆小凤道："既然不到京城去，你刚才为什么要走这条路呢？"

薛冰嫣然道："因为我知道前面有个地方的酒很好，我也知道你一向是个很大方的人，一定会请我去喝两杯的。"

陆小凤苦笑道："原来我虽然又傻又是贼，至少还有一点好处——至少我还不小气！"

薛冰道："男人只要有这一点好处，就会有很多女孩子喜欢他了。"

03

推开车窗，已可看见远处的小河畔，柳林中，有一面青布酒旗斜斜地挑了出来。

薛冰眼睛立刻亮了，道："这就是卖酒的地方。"

陆小凤道："这地方看来很雅！"

薛冰道："酒也很好，好极了！"

陆小凤看着她发亮的眼睛，忍不住笑道："你几时变成个酒鬼的？"

薛冰道："最近。"

陆小凤道:"最近你的心情不好?"

薛冰道:"最近老太太一直不让我喝酒,她愈不让我喝酒,我就愈想喝,何况……"她用眼角瞟着陆小凤,恨恨地道,"自从我们上次分手之后,我就要你来找我,你却偏偏不来,我的心情怎么会好?"

陆小凤不敢再搭腔了,他知道再说下去,耳朵说不定就又会被咬一口。

他并不想变成个只有一只耳朵的人,一只耳朵是配不上四条眉毛的。

这地方的确很雅。小河弯弯,绿柳笼烟,尤其是在黄昏的时候,绿水映着红霞,照得人脸也红如桃花。穿过柳林,有几栋茅屋,酒桌都摆在外面的沙岸上,旁边还闲闲地种着几丛栀子花,薛冰忽然发现陆小凤并不是第一次来,他居然连方便的地方在哪里都知道,但刚才却偏偏装得好像连听都没有听过这地方。

"这小子最近居然又学会了装傻,那怎么得了?"薛冰叹了一口气,这个人就像是条鱼一样,要抓住他实在不容易。也许她还应该想几种更好的法子出来对付他。

伙计已走了过来,是个直眉愣眼的乡下人,粗手粗脚的。

薛冰道:"你先给我们来五六斤上好的竹叶青,配四碟子冷盘、四碟子热炒,再到后面杀只活老母鸡炖汤。"其实她吃得并不太多,只不过她喜欢看——有很多人喝酒时,菜都是摆着看的。薛姑娘就喜欢看着满桌子好菜喝酒。

伙计瞪了她一眼,突然冷冷道:"两个人要这么多酒菜,也不怕撑死你?"

薛冰怔住,这么伶牙俐齿的伙计,她倒实在还没见过。

伙计冷笑着,又道:"女人吃得太多,将来一定嫁不出去的,你若想嫁给那小胡子,最好少吃点,否则他养不起。"

薛冰更吃惊:"你是什么人?你认得那小胡子?"

伙计眼珠子转了转,低下头,在她耳边悄悄地说了几句话。薛冰听着,眼睛愈睁愈大,忽然扑哧一声笑了,拉住这伙计的手臂,在他耳边也悄悄地说了几句话,两个人的样子居然好像很亲热。

这地方的客人当然并不止她一个,别的客人都看得眼睛发了直。

这么样一个文文静静、秀秀气气的美人儿,怎么会跟这粗手粗脚的小伙计如此熟络?他们尽管奇怪,薛冰却不在乎,那伙计当然更不在乎。

陆小凤终于出清了肚子里的存货,板着脸走回来,好像有点不太高兴的样子。

薛冰眼波流动,道:"马上就有酒喝了,你还不开心?"

陆小凤冷笑了一声,忍不住道:"你什么时候学会在大庭广众间,和男人勾肩搭臂的?"

薛冰眨了眨眼,道:"男人?什么男人?"

陆小凤板着脸道:"刚才那伙计难道不是男人?"

看见自己带来的女人和别的男人那么亲热,没有人会高兴的。

薛冰却笑了,悄悄道:"你真是个傻蛋,现在我跟他亲热一点,等他算账时岂非就会便宜一点了,这道理你都不懂?"

陆小凤实在不懂,薛冰本来并不是这样一个人的。

这时那伙计已将杯筷送了过来,"砰"地往桌上一摆,用眼角瞪了陆小凤一眼,嘴里嘀咕着道:"这么样一朵鲜花,却偏偏插在牛粪上。"

陆小凤也怔住,这伙计难道吃错了什么药?薛冰正掩着嘴在吃吃地笑。

陆小凤看着那伙计的背影,忽然也笑了,正想说什么,忽然看见一个已喝得醉醺醺的人,摇摇摆摆地走过来,一只手拿着个酒杯,一只手拍着他,笑嘻嘻地说:"我认得你,我们见过。"

陆小凤也只好笑了笑。他的确见过这个人,好像是在谁的寿宴上见过的,他还记得这人叫孙中,据说还是个很有名的江湖人。那次这个人也跟现在一样,不但喝得两眼发直,舌头也大了。

陆小凤有个原则,他喝醉了的时候从不去惹清醒的人,清醒的时候也从不愿意惹喝醉了的人。

孙中忽然扭过头,直着眼睛,瞪着薛冰,又笑道:"你带来的这小姑娘真标致,就像朵水仙花一样,一捏就能捏得出水来。"

原来他是为了薛冰来的。看见薛冰跟店伙都能那么亲热,这小子想必也心动了。薛冰红着脸,垂下了头,连眼皮都不敢抬起来。

陆小凤叹了口气,道:"你老兄好像有点醉了,为什么不找个地方歇歇去?"他实在不愿找麻烦,也不愿孙中找上麻烦,无论谁惹上了"冷罗刹",麻烦就不会太小。

谁知孙中却像完全没听见他在说什么,还是直着眼,瞪着薛冰,忽然用力一拍他的肩,道:"老弟,你真有办法,今天你若将这姑娘让给我,以后你在江湖中出了什么事,尽管来找我姓孙的。"

陆小凤居然还忍得住气,淡淡道:"我不会出什么事的,你看来却快出事了,我劝你……"

孙中不等他说完,已瞪起了眼,大声道:"我叫你让,是给你面子,你究竟让不让?"

陆小凤只好又叹了口气,道:"你为什么不问她自己?"

孙中大笑道:"我用不着问,我知道她喜欢我,我哪点不比你这小胡子强!"

薛冰的脸更红,头垂得更低,看起来更是楚楚动人。

孙中看得口水都流了下来,道:"小姑娘,你跟我到那边去喝酒好不好?"

薛冰红着脸摇了摇头。

孙中道:"不好也得好!"他居然伸出手,拉住了薛冰的手。

薛冰垂着头,轻轻道:"你放开我的手好不好?"

孙中涎着脸,笑道:"不放!"

薛冰的脸忽然变白了,冷冷道:"你一定不放?"

孙中道:"你就算砍下我这只手来,我也不放!"

薛冰道:"好!"她突然出手,取出了孙中腰畔的刀。

陆小凤看见她的脸一发白,就知道不对了,正想劝劝她。但这时刀已出鞘。孙中看见了刀光,也清醒了些,反手想去夺刀,只见刀光一闪,他的一只手已被砍了下来,血淋淋地掉在地上。

他的瞳孔突然收缩,眼珠子似也凸了出来,看着地上的这只断手,又看着薛冰,好像还不相信这是真的。就在他开始相信的时候,他的人已惨叫了一声,倒了下去。喝醉了的人,反应总是比较慢的。他的朋友本来都坐在对面笑嘻嘻地看着,此刻才怒吼着冲过来。

陆小凤故意不去看他们,皱眉道:"你为什么要砍下他的手?"

薛冰板着脸,道:"他叫我砍的!"

陆小凤道:"可是他喝醉了!"

薛冰道:"喝醉了也是人。"

陆小凤突然出手,夺过了她手里的刀,用两根手指轻轻一拗,"嘣"的,钢刀立刻断下了一截,接着,"嘣"地又断了一截。

他只用两根手指拗了几拗,片刻间竟已将这柄百炼精钢打成的快刀拗成七八截,皱着眉道:"奇怪,这种破刀怎么也能砍得断人的手?"

本来已冲过来的人,一起呆住,瞪大了眼睛,吃惊地看着他。

其中一个人忍不住问道:"朋友你贵姓?"

"我姓陆！"

"道路的'路'？"

"陆小凤的'陆'！"

本来已呆住了的人，脸色突又发青："你……你就是陆小凤？"陆小凤点点头。

大家再也不说话，抬起地上的人就走："你连陆小凤都忘了，就算两只手全被砍断也活该！"

薛冰嫣然一笑，道："想不到'陆小凤'这三个字还能避邪！"

陆小凤却叹息着，苦笑道："我就知道你是个惹祸精，我实在不该带你出来的！"

薛冰道："是他惹的祸？还是我？"

陆小凤道："你总不该真的砍下他手来。"

薛冰道："是他叫我砍的！"

陆小凤道："他喝醉了。"

薛冰道："喝醉了难道就可以欺负人？"

那伙计端着酒菜送来，冷冷道："喝醉了也一样是人，这种人就算砍他一百八十刀都不算冤。"

薛冰嫣然道："对，还是你讲理！"

伙计哼了一声，重重地将酒菜往桌上一摆，扭头就走，连看都不看陆小凤一眼！

陆小凤沉着脸，冷冷道："像你这种人，砍你三百六十刀也不冤。"他突然出手，用两根手指夹起了一截刀锋，直刺这伙计的后背。这伙计头也不回，身子突然轻飘飘地飞了起来，就好像忽然长了翅膀一样。在这种地方卖酒的伙计，怎会有这么高的轻功？

陆小凤冷笑道："我看你就不是个好人，果然是个飞贼。"他冷笑着挥手，手里的半截刀锋突然飞出，闪电般打向这伙计的腰。这伙计身子凌空，无处借力，陆小凤的出手又实在太急太快，眼见他已是避不开的了。

薛冰失声道："你真要杀他？"

陆小凤冷冷道："你放心，他死不了的。"两句话没说完，那伙计已凌空翻了三个跟斗，居然还顺手抄住了那截刀锋，才轻飘飘地落下来。

薛冰看看他，又看看陆小凤，赧然笑道："原来你已知道他是谁了！"

陆小凤还是板着脸，道："我只知道他是个贼。"

伙计突然大笑，道："我若是个贼，你呢？"

陆小凤道："我是个贼祖宗。"

这伙计居然也不去端菜送酒了，居然也坐了下来，笑道："只可惜你连做贼的材料都不够，最多也只不过能去挖挖蚯蚓罢了！"

薛冰眨着眼，道："挖什么蚯蚓？"

伙计笑道："你不知道，他别的本事没有，挖蚯蚓却是专家，居然在十天中替我挖了六百八十条蚯蚓。"

薛冰又忍不住问道："你要这么多蚯蚓干什么？"

伙计道："我连一条蚯蚓都不想要，只不过喜欢看他挖蚯蚓而已。"

薛冰笑了。

伙计道："你看见他挖蚯蚓没有？"

薛冰道："没有！"

伙计道："早知道我应该叫你去看看的，他挖起蚯蚓来，实在是姿势美妙，有板有眼，比京城的名角唱戏还好看，你错过了实在可惜。"

薛冰忍住笑道："没关系，下次我还有机会的！"

伙计道："还有下次？"

薛冰正色道:"当然有,挖蚯蚓就像喝酒一样,也会上瘾的,一个人只要挖过一次蚯蚓,下次你不要他挖都不行!"

陆小凤冷冷道:"下次我若挖出蚯蚓来,一定塞到你们嘴里去。"

这个吃错了药的伙计,当然就是司空摘星。

04

喝酒的客人早已被吓跑了,他们三个人倒也乐得清静,苦的只是这酒店的老板而已。

薛冰替司空摘星倒了杯酒,笑道:"你做贼做得好好的,为什么要改行来卖酒?"

陆小凤道:"因为他有这个瘾。"

他当然还没有忘记司空摘星上次扮成赵大麻子的事,那种事无论谁都忘不了的。

司空摘星笑了笑,道:"上次我瞒过了你,这次却好像没有。"

陆小凤凝视着他,道:"这次你好像并不是真的想瞒过我。"世上绝没有一个卖酒的伙计会有这么大毛病的,若不是存心要让陆小凤看破,他为什么要故意做出这种古里古怪的样子?

司空摘星忽然叹了口气,道:"自从上次你冲到火里去救赵大麻子后,我已发觉你这个人真可以交交朋友!"

陆小凤道:"但你却还是要我挖蚯蚓。"

司空摘星又笑了,道:"你好像生怕别人不知道这件事,逢人就要说一次!"

陆小凤目光闪动,道:"你已见到了花满楼和金九龄?"

司空摘星道:"嗯!"

陆小凤道:"他们告诉你,我要来找薛冰?"司空摘星点点头。

陆小凤道:"所以你就算准了我要到这里来喝酒的?"

司空摘星道:"所以我就在这里等!"

陆小凤道:"等着请我喝酒?"

司空摘星忽又叹了口气,道:"你知道不是的,我也不想骗你!"

陆小凤道:"我只知道我们是朋友。"

司空摘星叹道:"奇怪的是,有很多人偏偏要我来偷你的东西!"

陆小凤道:"这次你想偷什么?"

司空摘星道:"你身上是不是有块红缎子?"

陆小凤微笑道:"你知道我有的,我也不想骗你。"

司空摘星道:"红缎子上是不是绣着朵黑牡丹?"

陆小凤道:"你要偷的就是这块红缎子?"

司空摘星道:"是。"

陆小凤道:"你既然承认我们是朋友,还要来偷我?"

司空摘星道:"因为我已答应了一个人!"

陆小凤道:"为什么要答应?"

司空摘星道:"我非答应不可!"

陆小凤道:"为什么?"

司空摘星道:"我欠过这个人的情!"

陆小凤道:"这人是谁?"

司空摘星苦笑道:"你既然知道我不会告诉你,又何必问?"

陆小凤笑了笑,道:"你好像也欠了我的情,我不但救过你,还替你挖了六百八十条蚯蚓。"

司空摘星道:"所以现在我才老实告诉你!"

陆小凤道:"虽然告诉了我,还是一样要偷?"

司空摘星道："这么样一块红缎子，并不是什么值钱的东西。"

陆小凤道："你本来就从不偷值钱的东西！"

司空摘星道："你既然已看过了，留着它也没有什么用！"

陆小凤道："难道要我送给你？"

司空摘星道："我的确有这意思！"

陆小凤眨了眨眼，道："我们不妨谈个交易！"

司空摘星道："什么交易？"

陆小凤道："只要你告诉我是谁要你来偷的，我就让你偷走！"

司空摘星道："这交易谈不成！"

陆小凤又叹了口气，道："交易既然谈不成，就只好赌了！"

司空摘星道："怎么赌？"

陆小凤道："你知道这地方后面有几间客房？"

司空摘星道："有六间。"

陆小凤道："今天晚上，我就留在这里，等你来偷！"

司空摘星皱眉道："你既然已知道我要来偷了，我怎么还能偷得走？"

陆小凤笑道："你既然是偷王之王，偷遍天下无敌手，总应该有法子的！"

司空摘星的眼睛忽然亮了，道："我若真有法子偷走了呢？"

陆小凤道："东西就在我身上，只要你能偷得走，我情愿再替你挖六百八十条蚯蚓！"

司空摘星道："随便我用什么法子？"

陆小凤道："当然随便你！"

司空摘星道："有些法子，我本不愿用在朋友身上的！"

陆小凤道："今天晚上，你可以不必把我当作朋友！"

司空摘星突然举杯一饮而尽，道："好，我跟你赌了，我若输了，也情愿替你挖蚯蚓！"

陆小凤道："我不要你挖蚯蚓！"

司空摘星道："你还是要我一见你面，就跪下来叫你大叔？"

陆小凤笑道："这次要叫祖宗了！"

司空摘星道："好，一言为定。"

陆小凤道："谁赖谁是龟孙子！"

薛冰笑道："看来这次不管你们是谁输，我都有好戏看了！"

司空摘星道："但现在还没有到晚上。"

陆小凤道："所以我们还是朋友！"

司空摘星道："所以我要请你喝酒！"

陆小凤又笑了笑，道："我只希望你莫要在酒里下毒。"

司空摘星也笑了笑，道："我只希望你莫要灌醉我！"

第三章

偷王的赌约

01

夜。夜未深。司空摘星并没有被灌醉,他已走了。陆小凤当然也没有被毒死,司空摘星绝不是那种会在酒里下毒的人,何况,他就算下了毒,陆小凤也不会喝下去。

薛冰脸上却已有了几分笑意,忽然叹了口气,道:"这次他输了!"

陆小凤道:"他一定会输?"

薛冰道:"东西在你这种人身上,又明知他要来偷,他怎么能偷得走?"

陆小凤道:"他是偷王之王,偷王之王当然有很多种稀奇古怪,令人防不胜防的偷法!"

薛冰道:"你难道真的没把握赢他?"

陆小凤笑了笑,自己倒了杯酒,却并没有喝下去,只是看着杯中的酒出神。

薛冰道:"你在想什么?是不是在想那个要他来偷的人?"

陆小凤没有否认。

薛冰道:"要他来偷的这个人,会不会就是那个绣花的人?"

陆小凤道："很可能。"

薛冰道："我若是你，我一定会想尽法子，逼着他说出来的！"

陆小凤道："你不是我！"

薛冰嫣然一笑，道："幸好我不是你，我可不想有你这么多麻烦！"

陆小凤道："所以你很高兴！"

薛冰道："实在很高兴！"

陆小凤忽然又笑了笑，道："既然很高兴，应该说了吧！"

薛冰道："说什么？"她好像又忘了。

陆小凤道："当然是说红鞋子！"

薛冰眨了眨眼，知道这次就算再想赖，也是赖不掉的了，忽然问道："你知不知道青衣楼是怎么回事？"

陆小凤点点头，他当然知道。

薛冰道："红鞋子也跟青衣楼一样，是个很秘密的组织，唯一跟青衣楼不同的，就是这组织里没有男人，所以比青衣楼更厉害！"

陆小凤道："为什么？"

薛冰笑了笑，悠然道："因为女人本就比男人厉害。"

陆小凤道："还有呢？"

薛冰道："没有了。"

陆小凤几乎跳了起来："没有了？没有了是什么意思？"

薛冰嫣然道："没有了的意思，就是我知道的只是这么多，你就算用刀来逼我，我也说不出别的来！"

陆小凤怔住，怔了半晌，才叹了口气，道："女人果然比男人厉害，女人会赖皮！"

薛冰瞪眼道："我几时赖皮了？我岂非已告诉了你，这些穿红鞋子的全都是什么人？也已告诉了你，红鞋子是个很秘密的组织，你还不满意？"

陆小凤苦笑道："原来不但会赖皮，还会讲歪理。"

薛冰像是也有点不好意思，眨着眼道："现在你至少已知道，那个会绣花的大胡子，是女人改扮的，也已知道她穿的是红鞋子，你知道的岂非已不少！"

陆小凤叹道："所以我已经很满意，满意极了！"

薛冰笑道："既然满意，为什么不敬我一杯酒？"

陆小凤冷冷道："你的脸已经红得像别人的鞋子了，你还想喝？"

薛冰咬着嘴唇，道："今天我本来就想喝醉，反正这里有床，喝醉了最多就往床上一躺。"

陆小凤道："莫忘记我也在这屋子里！"

薛冰用眼角瞟着他，道："你在屋里又怎么样？难道我还怕你？"

陆小凤也用眼角瞟着她，道："难道你想故意喝醉，好有胆子来勾引我？"

薛冰的脸又红了，头却没有低下去，反而盯着他，道："你是不是想要我勾引你？"

陆小凤道："你是不是早就想勾引我了？"

薛冰道："你以为你是什么人？潘安？宋玉？"

陆小凤忽然站了起来。

薛冰道："你想干什么？"

陆小凤道："站起来当然是想走！"

薛冰道："你真的想走？"

陆小凤道："你既然不想勾引我，我还留在这里做什么？"

薛冰扑哧一笑，道："你是个大傻瓜，我不勾引你，你难道也不会勾引我？"

陆小凤道："只可惜我一向不习惯勾引别人，一向只有别人勾引我！"

薛冰轻轻道："为了我，你难道不能破例一次？"

她的脸更红，红得就像是春天里的桃花，红得就像是水蜜桃。陆小凤忽然叹了口气，慢慢地坐了下来。

薛冰看着他，嫣然道："你胆子怎么这么小，还没有勾引我，已经满头大汗了！"

陆小凤道："因为我热得要命！"

薛冰道："我好像也很热！"

陆小凤笑道："你又是雪，又是冰，怎么也会热？"

薛冰道："我也在奇怪，怎么会热的？"她眼珠子转了转，忽然拍手道，"我明白了！"

陆小凤道："明白了什么？"

薛冰道："司空摘星虽然没有在酒里下毒，却下了种要我们发热的药，故意让你热得要命！"

陆小凤道："既然热得要命，就只好脱衣服。"

薛冰道："东西在你身上，你一脱衣服，他就有机会来偷了！"

陆小凤叹道："我真奇怪，偷王之王怎么会想出这种笨法子来的！"

薛冰道："这法子虽然笨，却很有效！"

陆小凤笑了笑，悠然道："只可惜东西根本已不在我身上了，所以他根本就偷不走！"

薛冰怔了怔，道："你难道早就将那东西藏到别的地方去了？"

陆小凤笑道："藏在个他永远也想不到的地方，他若到这里来偷，就算他有三十只手，最多也只不过能偷走我几件破衣服！"

薛冰吃吃地笑了，道："你真不是个好东西！"

陆小凤道："我本来就不是。"

对面屋脊上有个人，这个人当然就是司空摘星。他心里也在恨恨地骂："这小子真不是个好东西！"他竟忘了自己也不是个好东西，好东西是绝不会躲在屋脊上偷听的。

"这小子究竟将东西藏到什么地方去了？"司空摘星开始在想，陆小凤今天一共到过什么地方？他们本来坐在外面喝酒，喝得差不多了时，就搬到屋里来。除了这两个地方外，陆小凤只去方便了一次！

"难道他将东西藏在茅房里了？"那的确很可能，陆小凤这小子，本就是什么事都做得出的。

"也可能就藏在空酒坛里，让我想不到！"

陆小凤已脱下外面的长衫，随随便便地挂在窗口的椅子上。窗子并没有关好。东西当然不会在这件衣服里，否则他怎么会如此大意！

陆小凤并不是个粗心的人，要挖六百八十条蚯蚓也不是好玩的。

司空摘星已准备走了，可是他刚想站起来，又停下，眼睛里发出了光，陆小凤若是将东西就藏在这件衣服里，他岂非更想不到？那些话莫非是故意说给他听的？

司空摘星笑了："这小子真是条小狐狸，只可惜今天遇着了我这条老狐狸。"

他笑得的确像是条老狐狸。

衣服就挂在椅子上，看得见，却拿不到。该怎么样下手呢？老狐狸有法子，"偷王之王"这四个字并不是偷来的。

屋子里不断有笑声传出来，他们也不知为了什么事如此开心？

"难道他们是为了有个人像呆子一样在外面喝风，看着他们在里面喝酒，所以才开心得要命？"司空摘星忽然跳下屋脊，推开门，走了进去。

薛冰张大了眼睛，吃惊地看着他，好像做梦也想不到这个人会突然出现。

陆小凤也想不到。

司空摘星也不理他们，坐下去自己倒了杯酒，一口喝了下去，又叹了口气，喃喃道："喝酒果然比喝风舒服。"

薛冰笑了："谁叫你在外面喝风的？"

司空摘星道："我自己！"

薛冰眨着眼笑道："你也跟他一样，是个大傻瓜？"

司空摘星道："就算不是傻瓜，至少也是个呆子。"

薛冰笑道："你承认自己是个呆子？"

司空摘星叹道："若不是呆子，怎么会跟他打这个赌？"

薛冰道："你觉得不划算？"

司空摘星点点头，道："所以我不赌了！"

陆小凤叫了起来，道："不赌了？不赌了是什么意思？"

司空摘星道："不赌了的意思，就是不赌了！"

陆小凤道："可是我们早已约好了的！"

司空摘星道："约好了的事，常常都可以反悔的，说出来的话，也常常都可以当作放屁！"

陆小凤怔了半天，苦笑道："我还是不懂，你为什么要忽然反悔？"

司空摘星忽然冷笑，道："你以为我不知道你在打什么鬼主意？"

陆小凤道："我在打什么鬼主意？"

司空摘星冷笑道："你想故意让我把那东西偷走，然后再跟踪我，看我将东西交给谁，所以我就算赢了你，吃亏的还是我！"

陆小凤脸上的表情就好像是个受了冤枉的小孩子，苦笑道："你怎么会有这种想法的？我实在不懂。"

司空摘星道："你懂，你比谁都懂！"

陆小凤叹了口气，道："我为什么要故意让你赢？难道我喜欢挖蚯蚓？"

司空摘星道："因为你一心想知道是谁要我来偷那东西的，你只有用这种方法，才能达到目的，为了达到目的，你本来就什么事都肯做的！"

陆小凤苦笑道："你真的以为我是个这么狡猾的人？"

司空摘星道："不管你是个什么样的人，反正我都不跟你赌了，我已决心不上你的当！"他又自己倒了杯酒，一口喝下去，仰面大笑了三声，道，"好酒，果然比喝风的滋味好得多！"话还没说完，他已大笑着走出去。

陆小凤看着他走出去，又怔了半天，也忽然笑了，道："这个人果然是条老狐狸！"

薛冰忍不住道："难道你真的要故意让他赢？"

陆小凤笑道："这老狐狸猜得不错，我的确只有用这法子，才能查出是谁要他来偷的！"

薛冰道："你刚才故意说那些话，为的就是要他知道东西在哪里？"

陆小凤道："一点也不错！"

薛冰叹道："但我却还是想不到，你究竟将东西藏到什么地方去了？"

陆小凤道："东西就在我衣服里！"

薛冰怔了怔，道："就在椅子上这件衣服里？"

陆小凤道："一直都在这件衣服里！"

薛冰道："可是你刚才却说……"

陆小凤道："我故意那么说，因为我知道他迟早一定会想到我用的是调虎离山之计！"

薛冰道："我还是不懂。"

陆小凤道："我故意随随便便将衣服摆在这里，别人当然想不到东西还在衣服里，但他却不是别人，他是偷王之王！"

薛冰道："所以你算准他迟早总会猜到东西就在衣服里！"

陆小凤道："我本就是摆在这里让他来偷的！"

薛冰终于懂了："原来你的计中还有计，弄来弄去，你还是要故意让他偷走！"

陆小凤道："不错，我本就是要让他偷的，却又不能让他得手太容易，我不能让他起疑心！"

薛冰笑道："但他还是起了疑心，还是不上你这个当！"

陆小凤叹道："所以我说他实在不愧是条老狐狸，只可惜……"

薛冰道："只可惜怎么样？"

陆小凤忽又笑了笑，道："只可惜他还是上了我的当！"

薛冰又怔住，苦笑道："我又不懂了。"

陆小凤道："他还是把东西偷走了！"

薛冰道："几时偷的？"

陆小凤道："刚才！"

薛冰忍不住提起那件衣服抖了抖，就有块红缎子从衣服里掉了下来，缎子上绣着朵黑牡丹："东西岂非还在这里？"

陆小凤道："但这块缎子，却已不是本来的那块了！"

薛冰道："你是说，他刚才用这块缎子，换走了你那块？"

陆小凤道："你再仔细看看，两块缎子是不是有点不同！"

不同的地方虽然不太明显，但却果然是不同的。

陆小凤道："他想必已从金九龄嘴里，问出了这块缎子的形状，自己找人照样子绣了一块，准备来跟我调包！"

薛冰叹了口气，道："但他的手法实在太快，实在不愧是偷王之王，我刚才一直都在看着他，竟偏偏没看到他已动了手脚！"

　　陆小凤笑了笑，道："他以为我也没有看出来，以为我还不知道！"

　　薛冰道："这块缎子你已不知看过多少遍了，现在既然还没有被偷走，你当然就会把它藏起来，绝不会时时刻刻拿出来的！"

　　陆小凤道："所以他认为我暂时绝不会发觉已被调了包！"

　　薛冰道："现在他既然已达到目的，当然就会将东西去交给那个人了！"

　　陆小凤道："他当然要去交差！"

　　薛冰道："那么你现在为什么还不去盯着他？"

　　陆小凤道："因为我知道他现在一定还不会走的！"

　　薛冰道："为什么？"

　　陆小凤道："他也怕我起疑心！"

　　薛冰想了想，道："反正你暂时不会发现东西已被调了包，他正好乘机轻松轻松！"

　　陆小凤道："他愈轻松，我愈不会起疑心！"

　　薛冰道："等到明天早上我们要走时，他还可以先送送我们，然后再轻轻松松地去交差！"

　　陆小凤叹了口气，道："看来你再跟我们混下去，你也快变成条小狐狸了！"

　　薛冰眼珠子转了转，似笑非笑地看着他，轻轻道："那么你现在想干什么呢？"

　　陆小凤故意不去看她脸上的表情，道："我当然要去陪陪他！"

　　薛冰好像又要跳了起来："你不陪我？反而要去陪他？"

　　陆小凤淡淡道："他既不会勾引我，我也不会勾引他，我去陪他至少安全得多！"

薛冰咬着嘴唇，狠狠地瞪着他，忽又嫣然一笑，道："现在我总算知道你是什么了！"

陆小凤道："我是什么？"

薛冰道："你是条狗！"

陆小凤怔了怔，苦笑道："我怎么会变成条狗的？"

薛冰悠然道："司空摘星若是条老狐狸，你岂非就是条专咬狐狸的狗？"

02

司空摘星躺在床上，曲着肱做枕头，看着自己胸膛上摆着的一杯酒。

陆小凤总是喜欢这么样喝酒，而且有本事不用手就将这杯酒喝下去，连一滴都不会溅出来。

只要是陆小凤会的事，司空摘星就要学学，而且要学得比陆小凤更好。

他听到门外有人在笑："这是我的独门绝技，你学不会的！"

一个人推开门走了进来，当然就是陆小凤。

司空摘星也不理他，还是专心一意地看着胸膛上的这杯酒，冷冷道："你又想来干什么？"

陆小凤道："不干什么，只不过来陪陪你！"

司空摘星道："你不去陪她，反而来陪我？"

陆小凤笑了笑，反问道："现在我们是不是已不赌了？"

司空摘星道："嗯！"

陆小凤道:"所以我们还是朋友!"

司空摘星道:"嗯!"

陆小凤笑道:"既然我们是朋友,我为什么不能来陪陪你?"

司空摘星道:"你当然可以来陪我,但是我现在却想去陪她了!"他忽然深深吸了口气,胸膛上的酒杯立刻被他吸了过去,杯中的酒也被他吸进了嘴——只可惜并没有完全吸进去,剩下的半杯酒溅得他一身都是。

陆小凤大笑,道:"我早就说过,这一招你一辈子都学不会的!"

司空摘星瞪了他一眼,刚想站起来,脸色突然变了,整个一张脸都扭曲了起来,整个人也都扭曲了起来,就好像有柄尖刀插入了他的胃。

陆小凤也吃了一惊,失声道:"你怎么了?"

司空摘星张开嘴,想说话,却连一个字都说不出来。陆小凤一个箭步蹿过去,扶起了他,忽然嗅到一种奇特的香气。

他又拿起刚才那酒杯嗅了嗅,脸色也变了:"这杯酒有毒!"

司空摘星的脸已变成死灰色,满头冷汗雨点般落了下来。

陆小凤道:"这杯酒是从哪里倒出来的?刚才有谁到这里来过?"

司空摘星挣扎着摇了摇头,眼睛看着桌上的酒壶。壶中还有酒。

陆小凤抓起酒壶嗅了嗅,壶中的酒并没有毒:"毒在酒杯上!"酒杯想必早已在这房子里,刚才司空摘星在屋脊上偷听的时候,想必已有人在这酒杯上做了手脚。

陆小凤急得直跺脚:"你本来是个很小心的人,今天怎么会如此大意?"

司空摘星咬着牙,终于从牙缝里吐出了三个字:"栖霞庵!"

陆小凤道:"你知道那里有人能解你的毒?你要我送你到那里去?"

司空摘星又挣扎着点了点头:"快……快……"

陆小凤道:"好,我去找薛冰,我们一起送你去!"他抱起了司空摘星冲出去,去找薛冰。

但薛冰竟已不见了。她刚才喝剩下的半杯酒还在桌上,可是她的人竟已无影无踪。本来装着卤牛肉的碟子里,现在却赫然摆着一只手,一只断手!

陆小凤看得出这正是孙中的手。难道他又约了帮手来寻仇,居然将薛冰架走了?但是他们在隔壁怎会连一点动静都没有听到?

薛冰并不是个好对付的人,怎么会如此容易就被人架走?陆小凤已无法仔细去想,现在无论什么事都只好先放在一边,先救司空摘星的命要紧。何况,这顷刻间发生的变化,实在太惊人,太可怕,他无论怎么想,也想不通的。幸好他们坐来的马车还在。

陆小凤叫了车夫,抱着连四肢都似已僵硬的司空摘星,跳上车子,喃喃道:"你千万不能死,你一向都不能算是个好人,怎么会短命呢?"

司空摘星居然一直都没有死,就这么样半死不活地拖着,拖到了栖霞庵。

03

栖霞庵在紫竹林中,紫竹林在山坡上。山门是开着的,红尘却已被隔绝在竹林外。马车不能上山,陆小凤抱着昏迷不醒的司空摘星,踏着沙沙的落叶,穿过紫竹林,风中正传来最后一响晚钟声。夜色却未临,满天夕阳残照,正是黄昏。

陆小凤看着手里抱着的司空摘星，长长吐出口气，喃喃道："你总算挨到了这里，真不容易！"

司空摘星身子动了动，轻轻呻吟了一声，居然似已能听见他的话。

陆小凤立刻问道："现在你觉得怎么样？"

司空摘星突然张开眼睛，道："我饿得要命！"

陆小凤怔了怔："你会饿？"

司空摘星看着他，挤了挤眼睛，道："这两天你天天下车去大吃大喝，我却只有躲在车上啃冷烧饼，我怎么会不饿？"

陆小凤怔住，脸上的表情，就好像活生生地吞下六百条蚯蚓。

司空摘星道："小心点抱住我，莫要把我摔下去！"

陆小凤也看着他挤了挤眼睛，道："我会小心的，我只怕摔不死你！"

他忽然举起了司空摘星，用力往地上一摔。谁知司空摘星还没有摔在地上，突然凌空翻身，接连翻了七八个跟斗，才轻飘飘地落下，看着陆小凤大笑，笑得弯下了腰。

陆小凤恨恨道："我应该让你死在那里的！"

司空摘星大笑道："好人才不长命，像我这种人怎么会死！"他居然也承认自己不是个好人。

陆小凤道："你根本就没有中毒？"

司空摘星道："当然没有，像我这样千年不死的老狐狸，有谁能毒得死我！"

陆小凤道："酒杯上的毒，是你自己做的手脚？"

司空摘星道："那根本就不是毒，只不过是点嗅起来像毒药的香料而已，就算吃个三五十斤下去，也死不了人。"

陆小凤道："你故意装作中毒，只不过是想拖住我，让我送你到这里？"

司空摘星笑道："我若不用这法子，又怎么能将那东西送出去！"

陆小凤道："你怎么送出去的？这一路上你都装得像死人一样，连动都没有动！"

司空摘星道："我当然有法子，莫忘记我不但是偷王之王，还是条老狐狸！"

陆小凤突然冷笑，道："若不是那条小狐狸帮你，你想交差只怕也没这么容易！"

司空摘星仿佛怔了怔，道："小狐狸？除了你外，难道还有条小狐狸？"

陆小凤冷笑道："也许不是小狐狸，只不过是条雌狐狸！"

司空摘星大笑，道："我就知道迟早总是瞒不过你的，你并不太笨！"

陆小凤道："你几时跟薛冰说好的？"

司空摘星道："就在你去方便的时候！"

陆小凤道："她怎么会答应你？"

司空摘星悠然道："也许是因为她看上了我！"

陆小凤道："她看上你这条老狐狸？"

司空摘星笑道："这你就不懂了，女人本就是喜欢老狐狸的！"

陆小凤叹了口气，道："看来她的确被你这狐狸迷住了，居然肯替你去做这种事！"

他忽又问道："她既然是替你交差去了，那只断手又怎么会出现的？"

司空摘星又怔了怔，道："断手？什么断手？"

陆小凤道："孙中被砍断的那只断手！"

司空摘星道："手在哪里？"

陆小凤道："在装牛肉的碟子里！"

司空摘星摇了摇头，皱眉道："这回事我一点也不知道！"

陆小凤道："真的不知道？"

司空摘星叹道："我几时骗过你？"

陆小凤恨恨道："你时时刻刻都在骗我！"

司空摘星眨了眨眼，道："像你这么聪明的人，我能骗得过你？"

陆小凤忍不住又叹了口气，苦笑道："你本来是骗不过的，只可惜我的心实在太好了！"

突听山门里有个人在问："外面的那位好心人，是不是陆小凤？"

门是虚掩着的，门里有个小小的院子，一个人搬了张竹椅，坐在院子里的白杨树下。夕阳照着孤零零的白杨，也照着他苍白的脸，他的鼻子挺直，颧骨高耸，无论谁都看得出他一定是个很有威严，也很有权威的人，只可惜他一双炯炯有光的眸子，现在竟已变成了两个漆黑的洞。

"江重威！"陆小凤一走进来，就不禁失声而呼，"你怎么会在这里？"

江重威笑了笑，道："我不在这里，又还能在哪里？"他笑得凄凉而悲痛，"我现在已只不过是个瞎子，王府里是不会用一个瞎子做总管的，就算他们没有赶我走，我也已留不下去！"

陆小凤看着他，心里也觉得很难受。

江重威本是个很有才能，也很有前途的人，可是一个瞎子……

陆小凤忽然回过头，瞪着司空摘星："你认不认得他？"

司空摘星点点头。

陆小凤道："你知不知道他怎么会变成这样子的？"

司空摘星叹了口气，他心里显然也不好受。

陆小凤道："你既然知道，就应该告诉我那个人是谁？"

司空摘星道:"那个什么人?"

陆小凤道:"那个绣花的人,也就是那个要你来偷东西的人!"

司空摘星道:"你认为他们是同一个人?"

陆小凤道:"不错!"

司空摘星道:"假如那块缎子本就是他的,他何必要我来偷回去?"

陆小凤道:"也许那上面还有什么秘密,他生怕我看出来。"

司空摘星道:"你岂非已看过很多遍了?"

陆小凤道:"我还没有看够!"

司空摘星不说话了,神情间仿佛也显得很矛盾,很痛苦。

陆小凤道:"你虽然欠了他的情,可是他既然做出了这种事,你若还有点人性,就不该再维护着他!"

司空摘星道:"你一定要我说?"

陆小凤道:"非要你说不可!"

司空摘星忽然长长叹了口气,道:"好,我告诉你,那个人就是她!"

他的手忽然往前面一指,陆小凤不由自主随着他的手指看过去,果然看见了一个人正垂着头从庵堂里走出来。一个紫衫白袜,乌黑的发髻上插着根紫玉钗的女道姑。她脸色也是苍白的,明如秋水般的一双眸子里,充满了忧郁和悲伤,看来更有种说不出的凄艳而出尘的美,就好像是天边的晚霞一样。她垂着头慢慢地走过来,手里捧着一碗热腾腾的药。

看见了她,陆小凤就知道司空摘星又在说谎了,那个人绝不会是她。他再回过头想追问时,司空摘星竟已不见了。

就在陆小凤看见这紫衫女道人的那一瞬间,这老狐狸已流星般掠了出去。那一瞬间,陆小凤的确仿佛有点痴了,无论谁看见这么一个出尘脱俗的美人,都难免会痴了的。现在就算要追,也追不上的,司空摘星的轻功纵然不能算天下第一,也不会差得太远。

陆小凤叹了口气,发誓总有一天要抓住这个老狐狸,逼他吞下六百八十条蚯蚓去,而且还要他自己去挖。

夕阳淡了,风也凉了,凉风吹得白杨树上的叶子,簌簌地响。这紫衫女道人慢慢地走过来,始终都没有抬起头。

江重威忽然道:"轻霞,是你?"

"是我,你吃药的时候到了!"她的声音也轻柔如晚风。

江重威又问:"陆小凤,你还在么?"

"我还在!"

"这是舍妹轻霞,也就是这里的住持,你现在总该明白我怎么会在这里了吧?"

陆小凤忽然道:"金九龄和花满楼在找你!"

江重威道:"我知道!"

陆小凤道:"他们也知道你在这里?"

江重威道:"他们已来过!"

陆小凤道:"花满楼跟你说了些什么?"

江重威脸上忽然露出种很奇怪的表情,缓缓道:"他叫我莫要忘记他也是个瞎子,更莫要忘记他一直都活得很好!"

陆小凤道:"你当然没有忘!"

江重威道:"所以我现在还活着!"

一个像他这么样的人,突然变成了瞎子后,还有勇气活着,实在很不容易。

陆小凤忍不住长长叹息,道:"他实在是个很了不起的人!"

江重威点点头,叹道:"他的确和任何人都不同,他总是要想法子让别人活下去！"

陆小凤道："其实我早该想到，他来找你，就是为了要告诉你这些话的！"

江重威道："他还问了我一些别的事！"

陆小凤道："什么事？"

江重威道："那天在王府宝库里发生的事！"

陆小凤道："我也正想问你，除了你已告诉金九龄的那几点之外，你还有没有发现什么别的可疑之处？"

江重威道："没有！"他的脸仿佛又因恐惧而扭曲，缓缓道，"就算还有，我也不会说！"

陆小凤道："为什么？"

江重威道："因为我并不想让你们找到那个人！"

陆小凤更奇怪，又问道："为什么？"

江重威道："因为我从未见过武功那么可怕的人，你们就算找到了他，也绝不是他的敌手！"

他的身子也在发抖，似又想起了那个可怕的人，那根可怕的针。针上还在滴着血，鲜红的血……

陆小凤还想再问，江轻霞突然冷冷道："你问得已太多了，他的伤还没有完全好，我一直不愿他再想起那天的事。"

江重威勉强笑了笑，道："没关系，我很快就会好的！"

陆小凤也勉强笑了笑，道："你一定很快就会好的，我知道你一向都是个硬骨头！"

江重威笑得已开心了些，道："你既然已来了，就不妨在这里多留两天，说不定我还会想起些事来告诉你！"

江轻霞皱眉道："他怎么能留在这里？这里一向没有男人的！"

江重威微笑道："我难道不是男人？"

江轻霞道:"可是你……"

江重威沉下了脸,道:"我若能留在这里,他也能!"

陆小凤道:"可是我……"

江重威也打断了他的话,道:"不管怎么样,你都一定要留下来。花满楼和金九龄这两天说不定还会来的,他们也正想找你!"

江轻霞道:"可是你喝完了药后,就该去睡了!"

江重威道:"我会去睡的,你先带他到后面去吃点东西,好好做出主人的样子来,莫要让客人饿着肚子!"

江轻霞板着脸,转过身,冷冷道:"陆施主请随我来!"

她好像也没有正眼去看过陆小凤,她实在是个冷冰冰的女人,甚至比冰还冷。

第四章

女道人

01

　　暮色更深，阳光的最后一抹余晖，正照在庵堂后、云房外的走廊上，照得廊外那几根陈旧的木柱，也仿佛闪闪地发出了光。七月的晚风中，带着从远山传来的木叶芬芳，令人心怀一畅。江轻霞走得很慢，陆小凤也走得很慢。江轻霞没有说话，陆小凤也没有开口，他似已发现自己是个不受欢迎的客人。不受欢迎的客人，就最好还是知趣些，闭着嘴。

　　庭院寂寂，看不见人，也听不见人声。这里本就是个寂寞的地方，寂寞的人本就已习惯沉静。

　　江轻霞推开了一扇门，板着脸，道："施主请进！"

　　陆小凤也沉着脸，道："多谢！"屋子里也没有燃灯，连夕阳都照不到这里。陆小凤慢慢地往里面走，竟好像有点不敢走进这屋子。难道他还怕这冷冰冰的女道人将他关在这间冷冰冰的屋子里？

　　江轻霞冷冷道："这屋子里也没有鬼，你怕什么？"

　　陆小凤苦笑道："屋子里虽然没有鬼，心里却好像有鬼！"

　　江轻霞道："谁心里有鬼？"

　　陆小凤道："你！"

江轻霞咬着嘴唇,道:"你自己才是个鬼!"就在这一瞬间,这冷冰冰的女道人竟突然变了,就像是完全变成了另外一个人,她忽然用力将陆小凤推了进去,推到一张椅子上,按住了他的肩,在他耳朵上咬了一口。

陆小凤反而笑了:"这才像是条母老虎的样子,刚才,你简直就像……"

江轻霞瞪眼道:"刚才我像什么?"

陆小凤道:"像是条死母老虎!"

江轻霞不等他说完,又在他耳朵上咬了一口。

陆小凤疼得差点叫了起来,苦笑道:"看来你们好像都是一个师父教出来的,都喜欢咬耳朵!"

江轻霞又瞪起了眼,道:"你们?你们是些什么人?"

陆小凤闭上了嘴,他忽然发现自己又说错话了。

江轻霞却不肯放松,冷笑道:"你难道常常被人咬耳朵?"

陆小凤道:"别人又不是小狗,怎么会常常咬我的耳朵?"

江轻霞眼睛瞪得更大:"别人不是小狗,难道只有我是小狗?"

陆小凤又不敢开腔了。

江轻霞恨恨地瞪着他,道:"你老实告诉我,究竟有多少人咬过你的耳朵?"

陆小凤道:"只有……只有你一个!"

江轻霞道:"真的没有别人?"

陆小凤道:"别人谁有这么大的胆子敢咬我!"

江轻霞道:"薛冰呢?她也没有这么大的胆子?"

陆小凤道:"她连碰都不敢碰我,我不咬她已经很客气了!"

江轻霞撇了撇嘴,道:"现在你说得凶,当着她的面,只怕连屁都不敢放!"

陆小凤笑道:"我为什么不敢放?难道我还怕臭死她?"

江轻霞忽然笑了,笑得也有点像是条小狐狸。

就在这时,门外已有个人冷冷道:"好,你放吧,我就在这里!"

陆小凤的心沉了下去,他连看都不必看,就知道薛冰已来了。遇着一条母老虎已经糟糕得很。

唯一比遇着一条母老虎更糟的事,就是同时遇着了两条母老虎。

陆小凤忽然觉得脑袋已比平时大了三倍,简直已头大如斗。

江轻霞吃吃地笑着,燃起了灯。灯光照到薛冰脸上,薛冰的脸又红了,是被气红的,红得就像是辣椒。

"先下手的为强,后下手的遭殃。"这句话陆小凤当然懂得的。

他忽然跳起来,瞪着薛冰,冷冷道:"我正想找你,想不到你居然还敢来见我?"

看见他这么凶,薛冰反而软了:"我……我为什么不敢来见你?"

陆小凤道:"你怎么会到这里来的?"

江轻霞抢着道:"我们本来就是老朋友,又是一个师父教出来,专咬人耳朵的,她为什么不能到这里来?"

陆小凤不理她,还是瞪着薛冰,道:"我是在问你,你到这里来干什么?"

薛冰道:"你明明知道我是送东西来的!"

陆小凤道:"送什么?"

薛冰道:"当然就是那块红缎子!"她居然轻描淡写地就承认了,而且面不改色。

陆小凤反倒怔了怔,道:"你不想赖?"

薛冰道:"这也不是什么见不得人的事,我为什么要赖?"

陆小凤几乎又要叫了起来,道:"你帮着别人来骗我,难道还很光荣？"

薛冰道："司空摘星并不是别人，他也是你的朋友，你自己也承认的！"

陆小凤本就没有否认。

薛冰笑了笑，悠然道："我帮你朋友的忙，你本该感激我才对！"

陆小凤又怔了怔，道："你帮着他出卖了我，我反而要感激你？"

薛冰道："那块红缎子，对你已没什么用处，对他的用处却很大，我只不过帮他将那块红缎子送到这里来，又怎么能算出卖你？"她的火气好像比陆小凤还大，理由好像比陆小凤还充足十倍，又道："何况，他岂非也是你的好朋友，你岂非也骗了他，你骗过了人家后，反而洋洋得意，我为什么不能让你也上个当？"

陆小凤道："可是你……你……你本该帮着我一点才对的！"

薛冰冷笑道："谁叫你那么神气的！就好像天下再也找不出一个比你能干的人了，我就看不惯你那种得意忘形的样子！"

陆小凤说不出话来了，他忽然发现男人遇着女人，就好像秀才遇见兵一样，根本就没什么道理好讲。女人的心理，好像根本就没有"是非"这两个字，无论做什么事，只凭她高兴不高兴，你若要跟她讲道理，她的理由永远比你还充足十倍。

薛冰板着脸道："你在背后骂我，我没有找你算账，你反而先找上我了！"

江轻霞冷笑道："这就叫先发制人，天下的男人好像全都有这一套！"

薛冰道："现在你还有什么话说？"

陆小凤苦笑道："只有一句。"

薛冰道："你说！"

陆小凤道："你将那块红缎子交给谁了？"

薛冰道:"交给吕洞宾。"

陆小凤又不禁怔住:"吕洞宾又是什么人?"

薛冰道:"连吕洞宾你都不知道?你怎么活到三十岁的?"

江轻霞道:"吕洞宾就是吕纯阳,就是朗吟飞过洞庭湖的纯阳真人,你知不知道?"

陆小凤苦笑道:"我只知道吕洞宾要的是白牡丹,不是绣在缎子上的黑牡丹。"

薛冰终于做了解释,道:"司空摘星并没有叫我把那块缎子交给谁,只要我把它放在吕洞宾的神像下面。"

陆小凤道:"这神像在哪里?"

薛冰道:"就在后面的一个小神殿里。"

陆小凤道:"你来了已有多久?"

薛冰冷冷道:"也没多久,只不过刚巧赶得上听见你骂我!"

02

庵后的竹林里,还有个小小的神殿,殿里的一盏长明灯永远是亮着的,灯光正照着纯阳真人那张永远都带着微笑的脸。他虽然不能被供到前面的正殿里,去享受血肉香火,却已很满意了。吕洞宾是个聪明的神仙,聪明的神仙就和聪明的人一样,都懂得知足常乐。

陆小凤不等薛冰的话说完,已冲出来,赶到这里,神像下果然有块绣着黑牡丹的红缎子。他拿起缎子的时候,江轻霞和薛冰也跟来了。

陆小凤看着手里的缎子,眼睛里带着种深思的表情,喃喃道:"想不到缎子居然还在!"

江轻霞道:"司空摘星一定也想不到薛冰这么快就对你说了实话,

还没有来得及拿走,你已经先来了!"

陆小凤忽然抬起头,盯着她的眼睛,道:"也许并不是他没有来得及拿走!"

江轻霞道:"不是他是谁?"

陆小凤道:"是你!"

江轻霞冷笑道:"你疯了?我要这块见鬼的红缎子干什么?"

陆小凤道:"我也正想问你!"

江轻霞变色道:"你难道认为是我叫他去偷这块破缎子的?"

陆小凤居然默认。

江轻霞道:"若是我叫他将缎子送到这里来的,他怎么会把你也带来了?"

陆小凤淡淡道:"也许是他要来当面交差,却甩不脱我,也许是他忽然良心发现,觉得有点对不起我,也许是他故意将我带来的,好让我更想不到是你!"

江轻霞的脸也气红了,道:"这么样说,你难道认为我就是那个绣花大盗?"

陆小凤也没有否认。

江轻霞突又冷笑,道:"你也许并不太笨,只可惜忘了一件事!"

陆小凤道:"哦?"

江轻霞道:"你忘了江重威是我的大哥!我怎么会刺瞎我大哥的眼睛?"说完了这句话,她扭头就走,似已懒得再跟这种笨蛋讲理了。

陆小凤却又拦住了她:"等一等!"

江轻霞冷笑道:"你还有什么话说?"

陆小凤道:"只有一句!"

江轻霞道:"好,我再听你说一句!"

陆小凤道:"江重威并没有妹妹,你也没有大哥,你本来根本就不姓江！"

江轻霞的脸色突然变成惨白："你……你……怎么会知道的？"

陆小凤叹了口气，道："我本来也不愿知道的，怎奈老天却偏偏要我知道一些我本来不该知道的事！"

江轻霞恨恨地瞪着他，道："你还知道什么？"

陆小凤道："你真的要我说出来？"

江轻霞道："你说！"

陆小凤道："你本是江重威未过门的妻子，后来却不知为什么出了家，你在他面前故意装作不认得我，就是为了不愿刺激他，不愿让他知道……"

江轻霞身子已开始发抖，突然大叫道："不要说了！"

陆小凤又叹了口气，道："这些话我本就不想说出来的！"

江轻霞身子抖个不停，用力咬着牙，道："不错，我跟江重威的确从小就定了亲，可是等我们长大了，见了面之后，却发现彼此根本就不能在一起过日子，所以……"

陆小凤道："所以你就出了家？"

江轻霞点点头，黯然道："除了出家外，我还有什么别的路可走？"她眼圈发红，泪已将落。

一个像她这样的女孩子，年纪轻轻的就出了家，那其中当然有段悲惨辛酸的往事。

薛冰好像也要哭出来了，咬着嘴唇，瞪着陆小凤，道："你本不该逼她说出来的！"

江轻霞突然又大声道："没关系，我要说！"她悄悄地拭了拭泪痕，挺起了胸，道，"我虽然出了家，可是我还年轻，我受不了这种寂寞，所以我还想到这世界上去闯一闯，所以我认得了很多男人，也认得了你！"

陆小凤轻轻叹了口气——一个人出家，并非就是说她已等于死了，她本来就还有权过她自己的生活，她本来就有权活下去。

江轻霞道："你若认为我不愿让江重威知道，你就错了，你若认为我不愿嫁给他，所以才要刺瞎他的眼睛，你就更错了，他……"她的声音突然停顿，吃惊地看着窗外。

江重威已从门外的黑暗中，摸索着走了进来，脸色也是惨白的，黯然道："并不是她不愿嫁给我，而是我不能娶她！"

薛冰忍不住问道："为什么？"

江重威道："因为我……"

江轻霞又大叫道："你不必说出来，没有人能逼你说出来！"

江重威笑了笑，笑得很凄凉，道："没关系，我也要说。"他脸上充满了痛苦之色，慢慢地接着道："我不能娶她，因为我早就是个废人，我根本不能做别人的丈夫，更不能做别人的父亲！"

薛冰终于明白，但却已在后悔，为什么要知道这种事，别人的不幸，岂非也同样令自己痛苦？

江重威又道："轻霞在外面做的事，我全都知道，无论她做了什么，我都不会怪她，何况我也知道她表面看来虽不羁，其实却并不是个很随便的人！"

江轻霞垂下头，泪已落下。一个像她这么年轻的女人，本就很难忍受青春的煎熬，她无论做了什么事，本都是值得原谅的。可是她自己却无法原谅自己。

江重威道："不管你们怎么说，我都可以保证，她绝不是那个刺瞎我眼睛的人！"

陆小凤突然又问道："你真的可以保证？你真的看清了那个人不是她？"他心里也充满了同情和悲痛，但这件事的关系实在太大，他只有硬起心肠来。他一定要问个仔细。

江重威连想都没有想，立刻道："我当然看清了！"

陆小凤道："你从哪点可以辨出，那个绝不是她？"

江重威道："我……我当然可以看出来，莫忘记我认得她时，她还是个孩子！"

陆小凤道："但你们却已有多年不见了，对不对？"

江重威沉下了脸，冷冷道："你这是什么意思？你难道还认为我会帮着她说谎？"

陆小凤叹息了一声，他实在已无法再问下去。

江轻霞冷冷道："只要我们问心无愧，无论他怎么想都没有关系！"

江重威点了点头，江轻霞已扶起他的手臂，道："我们走！"

陆小凤只有垂下头，让他们走过去。灯火昏暗，地是用青石板铺成的。江轻霞脚上穿着双青布鞋子，跟她的紫衫看来很不相称。她本是个很讲究穿着的女人。

陆小凤突然又道："等一等！"

江轻霞本不想理睬他的，但忽然发现他的眼睛一直盯在她脚上，才冷笑着道："你的话还没有说完？"

陆小凤道："我只不过觉得有点奇怪！"

江轻霞道："奇怪什么？"

陆小凤的眼睛还是盯在她脚上，缓缓道："你的青布鞋子里，怎么会有条红边露出来？"

江轻霞的脸色又变了，不由自主，想将一双脚藏起来。

陆小凤淡淡道："你的道袍还不够长，藏不住一双脚的，你不该在青布鞋里还穿着双红鞋子！"

红鞋子！江重威的脸色似也变了。

江轻霞突然冷笑，道："你好毒的眼睛！"冷笑声中，她已出手，竟想用两根兰花般的纤纤玉指，去挖陆小凤的眼睛。她的出手快而准。

陆小凤叹道："你最多只能咬咬耳朵，不该挖我眼睛的！"

他说了十六个字，江轻霞已攻出了十一招，好快的招式！好快的出手！

江轻霞本就是江湖中有名最可怕的四个女人之一，她们是四大美人，也是四条母老虎，江湖中已不知有多少人伤在她们的爪下。

女人们的出手，本就大多数比男人更快！更狠！因为她们的力气毕竟比不上男人，也不愿跟男人们死缠烂斗！所以她们往往一出手，就要了男人的命！

只可惜陆小凤并不是别的男人，他竟比江轻霞更快。江轻霞攻出十一招，他连手都没有抬，就轻轻松松地避开了。看来他并不想还手，可是他假如还手一击，江轻霞就未必能避得开。

江轻霞咬了咬牙，突然轻叱道："看暗器！"

陆小凤立刻后退了七八尺，江轻霞并没有暗器发出来，可是她的人却已凌空翻身，倒飞了出去。

就在这时，陆小凤突又出手，闪电般抓住了她的鞋子。

只抓下了她的鞋子，并没有抓住她的人。她的青布鞋里面，果然还有双红鞋子——绣花的红缎鞋。她的人却已消失在黑暗里，眨眼就看不见了。

陆小凤并没有追。薛冰当然更不会追，她已怔住。

江重威动也不动地站在那里，面如死灰，忽然道："她已走了？"

陆小凤道："她走了！"

江重威握紧了双拳，眼角不停地跳动，使得他那双漆黑空洞的眼睛，看来更说不出的诡异可怖。

陆小凤道："那绣花大盗穿的也是红鞋子？"

江重威的神色更痛苦，迟疑着，终于勉强点了点头。

陆小凤道："你为什么一直都没有说出来？"

江重威道："我本来也只不过有个模糊的印象而已，你一说，才提醒了我！"

就在尖针的光芒已闪到他眼前时，他才看见了那双红鞋子，红得就像是血。

薛冰忍不住叹了口气，道："你的眼睛真毒，我就没看出她鞋子里有条红边。"

陆小凤道："我也没有看出来！"

薛冰怔住。

陆小凤道："我只不过觉得她鞋子的颜色跟衣服不配，而且太大了些，就像是临时套上去的！"

薛冰道："所以你就故意试她一试？"

陆小凤点点头。

薛冰又不禁叹了口气，道："跟你这种人在一起，实在危险得很！"

陆小凤笑了笑，道："孙中却一定不会这么想，他一定认为你比我更危险！"

薛冰冷笑道："我本该连他两条腿也一起砍断的！"

陆小凤道："他又来找过你？"

薛冰道："他敢！"

陆小凤道："但他那只手，又怎会到了你桌上的牛肉碟子里？"

薛冰也怔了怔，道："什么手？"

陆小凤道："你没有看见那只手？"

薛冰道："没有！"

陆小凤苦笑道："难道那只手是自己爬到碟子里去的？"他又猜不

出这是怎么回事了!

薛冰道:"我也有件事想不通,司空摘星既然要我将东西送来,为什么自己又将你带来?"

陆小凤叹道:"这种人做的事,本就没有人能想得通的,你最好连想都不要想。"

江重威黯然道:"我更想不通,轻霞怎么会做这种事?"

陆小凤道:"你也不必想了!"

江重威道:"为什么?"

陆小凤又笑了笑,道:"因为她本就没有做这种事。"

江重威也怔住:"她没有?那绣花大盗不是她?"

陆小凤道:"绝不是,她武功虽然不弱,但却还休想能在一招间刺瞎常漫天和华一帆这种高手的眼睛!"

江重威道:"你看得出她不是在故意隐藏自己的武功?"

陆小凤道:"我看得出!"

江重威长长吐出口气,道:"所以你才让她走!"

陆小凤并没有否认,假如他能抓住一个人的鞋子,他就能抓住这个人的脚。无论谁的脚被抓住,都是再也走不了的。

江重威沉吟着,又皱眉道:"她若跟这件事没有关系,为什么要走?"

陆小凤道:"因为她也有个不愿让人知道的秘密!"

江重威道:"什么秘密?"

陆小凤道:"红鞋子的秘密!"

江重威慢慢地点了点头,道:"那绣花大盗也穿着双红鞋子,莫非跟她是同一个组织里的人?"

陆小凤道:"很可能是的,也很可能不是!"

他自己也知道这实在是句废话,但是他只能这么样说。

"那绣花大盗是个武功极高、扮成个大胡子,却穿着双红鞋子的女人。"这就是他们现在唯一知道的事,但他们却并不能确定,更没法子证明。

江重威的神色更悲伤,凄然道:"她本是个很单纯、很善良的女孩子,本可以做一个男人理想中的好妻子,难道现在竟真的变了?"

陆小凤忽然道:"你已有多久没见过她?"

江重威道:"并不久,每年我过生日时,她都会去看我!"

陆小凤道:"你的生日是哪天?"

江重威道:"五月十四日!"

陆小凤道:"劫案是哪天发生的?"

江重威道:"六月十一日。"

陆小凤不说话了。江重威仿佛想说什么,又忍住,只长长叹息一声,垂着头,摸索着走了出去。

薛冰看着他孤独的影子消失在黑暗中,也不禁长长叹息:"我想他现在心里一定难受得很!"

陆小凤点点头。

薛冰道:"江轻霞五月十四日还去看过他,不到一个月,王府中就出了劫案?"

陆小凤道:"也许这只不过是巧合!"

薛冰道:"但王府的宝库警备森严,连只苍蝇都飞不进去,那绣花大盗是怎么进去的?"

陆小凤道:"你说呢?"

薛冰眼睛里闪着光,道:"我想,也许是有个人先到王府里去,替她看好了地势,又想法子替她将宝库的钥匙打了个模型。"

陆小凤道:"你说的这个人,当然就是江轻霞!"

薛冰并不否认,叹息着道:"只有她才能接近江重威,只有江重威身上才有那宝库的钥匙！"

陆小凤道："你是说她偷偷将钥匙打了个模型，然后才同样打造了一把，交给了那绣花大盗？"

薛冰道："不错！"

陆小凤道："那绣花大盗就拿着这把钥匙，开了宝库的门，所以才能进得去？"

薛冰道："我想一定是这样子的！"

陆小凤道："这想法也不能算太不合理，只可惜你忘了两件事！"

薛冰道："什么事？"

陆小凤道："那宝库的门前，日夜都有人守卫，一个长着大胡子的人，怎么能当着那些守卫面前开门走进去？难道他会隐身法？"

薛冰说不出话了。

陆小凤道："何况，那天江重威进去的时候，宝库的门还是从外面锁住的，那绣花大盗开门进去了之后，又怎么能再出来锁上门？"

薛冰的脸又红了："我这想法既然不通，你说她是怎么进去的？"

陆小凤道："我想她一定有个很特别的法子，也许跟江轻霞根本就没有关系！"

薛冰冷冷道："只可惜你根本就不知道那特别的法子，究竟是什么法子？"

陆小凤道："所以我一定要自己去试试！"

薛冰道："试什么？"

陆小凤道："试试看我是不是也有法子能进去！"

薛冰瞪大了眼睛，吃惊地看着他，道："你又喝醉了？"

陆小凤道："今天我连一滴酒都没有喝！"

薛冰道："你若没有喝醉，就一定是疯了，一个清醒正常的人是绝不会想到要去做这种事的！"

陆小凤道:"哦?"

薛冰道:"你知不知道王府中有多少卫士?"

陆小凤道:"八百以上!"

薛冰道:"你知不知道每个卫士身上,都带着威力极强的诸葛神弩,无论谁只要一被发现,都可以立刻被射成个刺猬!"

陆小凤道:"我知道!"

薛冰道:"你知不知道除了这些卫士外,王府中还有多少高手?"

陆小凤道:"高手如云!"

薛冰道:"你知不知道小王爷本身,剑法已得到了白云城主的真传?"

陆小凤道:"据说王府中的第一高手就是他!"

薛冰道:"你知不知道王府禁地,无论谁擅闯进去,都一律格杀勿论?"

陆小凤道:"我知道。"

薛冰道:"但你却还是要去闯一闯?"

陆小凤道:"不错!"

薛冰道:"你想死?"

陆小凤道:"不想。"

薛冰道:"你凭什么认为你闯进去后,还能活着出来?"

陆小凤道:"不凭什么!"

薛冰咬着嘴唇,道:"你为什么要去冒这种险?难道就为了要证明江轻霞是清白的?"

陆小凤道:"我只不过想知道她跟这件事究竟有没有关系。"

薛冰道:"她的事你为什么如此关心?"

陆小凤道:"因为我喜欢她!"

薛冰狠狠地瞪着他,突然跳起来,大声道:"好,你去死吧!"

风更轻，寂寞的禅院更寂寞。

陆小凤走出来，薛冰也跟着走出来："我们现在是不是往东南那边走？"

"我们？又是我们？"陆小凤脸上的表情，就好像嘴里被人塞进了个酸橘子。

薛冰板着脸，冷冷道："当然是我们，你难道想甩下我一个人走？"

陆小凤实在很想，只可惜他也知道有种女人若是决心要跟着你，你甩也甩不掉的："你跟着我去干什么？难道想陪我去死？"

"不想！"薛冰又在咬着嘴唇，"我只不过想看看你死了后是什么样子！"

03

街道有很多都是青石板铺成的，比枫叶还红的红棉树，灿烂如晚霞。

"这里就是五羊城？"

"嗯。"

"听说这里的吃最有名。"

"你吃过？"

"没有吃过，可是我听过，这里有几样东西最好吃。"

"你说来听听？"

"大三元的大裙翅、文园的百花鸡、西园的鼎湖上素、南园的白灼螺片……"

薛冰只说了三四样，就已说不下去了，因为她的口水已经快流了出来。

陆小凤却淡淡道："这些都算不了什么，最好吃的东西，你也许连听都没有听过！"

薛冰的眼睛亮了："你现在是不是就准备带我去吃？"

陆小凤道："只要你乖乖地跟着我走，我保证你有好东西吃！"这地方他显然来过，摆出了一副识途老马的样子，带着薛冰三转两转，转入了一条很窄的巷子。巷子里很阴暗，地上还留着前两天雨后的泥泞，两旁有各式各样的店铺，门面也都很窄小，进进出出的，好像都是些见不得人的人。

"这种地方也会有好东西吃？"薛冰心里虽然在嘀咕，却不敢问出来，到了这里，就好像到了番邦外国一样，别人说的话，她连一句都听不懂。她实在有点怕陆小凤把她一个人甩在这里。

就在这时，她已发觉有种无法形容的奇妙香气，随风传了过来。她从来也没嗅过如此鲜香的味道。看来陆小凤并没有唬她，这地方的确有好东西吃。

她忍不住问："这是什么东西的味道？"

陆小凤悠然道："是天下最好吃的东西，你吃过后就知道了！"

巷底有家很小的店铺，门口摆着个大炉子，炉子上燔着一大锅东西，香气就是从锅里发出来的。里面的地方却很脏，墙壁桌椅都已被油烟熏得发黑，连招牌上的字都已被熏得无法辨认。可是这种香气却实在太诱人。他们刚坐下，店里的伙计已从锅里勺了两大碗像肉羹一样的东西给他们。

这地方好像并不卖别的。肉羹还在冒着热气，不但香，颜色也很好看。

陆小凤递了个汤匙给她，道："赶快趁热吃，一冷味道就差了！"

薛冰吃了两口,味道果然鲜美,又忍不住问道:"这究竟是些什么东西做的,除了肉之外,好像还加了很多别的!"

陆小凤道:"你觉得好不好吃?"

薛冰道:"好吃!"

陆小凤道:"既然好吃,你就多吃,少问!"他吃完了一碗,又添了一碗,忽然向那伙计做了个很奇怪的手势。那伙计本来一副爱理不理的样子,这种土头土脑的外乡佬,他一向看不顺眼。

可是看到陆小凤的这个手势后,他的态度立刻变了,立刻赔笑道:"大佬有乜盼咐?"

陆小凤道:"我系来揾人嘅!"

伙计道:"揾边个?"

陆小凤道:"蛇王。"

伙计的脸色又变了变:"你揾佢有乜嘢事?"

陆小凤道:"我姓陆,唔该你去通知佢一声,佢就知了!"

伙计迟疑着,终于点点头,道:"你等阵!"

薛冰吃惊地看着他们,等伙计走出了后门的一扇窄门,才忍不住问道:"你们叽叽咕咕的,在讲什么?"

陆小凤道:"我请他去替我找一个人!"

薛冰道:"到这种地方来找人?找谁?"

陆小凤道:"蛇王!"

薛冰道:"蛇王?蛇王又是何许人也?"

陆小凤没有回答这句话,却反问道:"你刚才走过这条街,看见了些什么?"

薛冰道:"这不是条街,只不过是条又脏又小的巷子。"

陆小凤道:"这是条街,而且说不定就是本城最有名的一条街!"

薛冰道:"哦?"

陆小凤道:"你知不知道这条街上有些什么?"

薛冰道:"有些乱七八糟、又脏又破的小铺子,还有些乱七八糟、奇形怪状的人!"

陆小凤道:"你看不看得出那些人是干什么的?"

薛冰道:"我连看都懒得看他们!"

陆小凤道:"你应该看看的!"

薛冰道:"为什么?"

陆小凤道:"因为那些人里面,至少有十个官府在追捕的逃犯,二十个手脚最快的小偷,三十个专替别人在暗巷中打架杀人的打手,若是得罪了他们,你无论想在这城里干什么,都休想办得到!"

薛冰道:"我明白了,原来这条街是条黑街!"

陆小凤道:"蛇王就是这条街上的王,也是那些人的老大,只要有他一句话,那些人随时都可以替你去卖命!"

薛冰道:"你总不会想找那些人去替你打架吧?"

陆小凤笑了笑,道:"若是要打架,我已有了你这么样一个好帮手,还用得着去找别人!"

薛冰道:"那么,你来找这蛇王干什么?"

陆小凤道:"我想要他去替我……"

他的话还没有说完,那伙计已匆匆赶了回来,对陆小凤的态度又变了,变得又亲热、又恭敬:"原来你地系老友记瞭嘅,大佬你点解唔早的讲俾我知?"

陆小凤道:"佢重记得我?"

伙计道:"港系记得啦,佢讲你系天下功夫最犀利的人,直情冇得顶,佢请你快的跟我去!"

后门外是条更窄的小巷子,阴沟里散发着臭气,到处都飞满了苍蝇。巷子尽头,又有扇窄门。

推开门走进去,是个很大的院子,十来条精赤着上身的大汉,正在院子里赌钱,赌得全身都在冒汗。角落里堆着几十个竹笼子,有的笼子里装着的是毒蛇,有的笼子里关着野猫、野狗,一个人正从笼子里提了条黄狗出来,随手往旁边的一个大水盆里一按,竟活生生地将这条狗淹死了。薛冰看得已几乎忍不住要吐。

陆小凤却声色不动,淡淡道:"这才是杀狗的行家,一点血都不漏,这种狗肉吃了才补!"

薛冰不敢开口,她生怕一开口就会把刚才吃下的肉羹全吐出来。

一直在旁边叉着手看人赌钱的两条大汉,突然走过来,瞪着陆小凤,道:"你就系来揾蛇王的?"

陆小凤点点头。两条大汉对望了一眼,突然一起出手,好像想将陆小凤一把抓起来。

陆小凤没有动,这两条大汉的手刚抓住他,自己的人就被弹了出去。

伙计大笑,道:"我讲你功夫犀利,呢两条佬唔信,睇佢地夷家重敢唔敢唔信?"

院子里的大汉都扭过了头,吃惊地看着陆小凤,纷纷让开了路。

这伙计又带着他们走进了个小杂货铺,走上条很窄的楼梯,一道窄门上,挂着用乌豆和相思豆串成的门帘子:"蛇王就系入边,请进!"

能指挥这么多市井好汉的黑街大亨,怎么会住在这种破地方?薛冰又不禁奇怪。可是一走进这扇门,她就不奇怪了,屋子里和外面竟完全是两个天地。薛冰本是出身富贵人家的千金小姐,但却连她也从未看见过布置得如此华丽奢侈的屋子。屋子里每样东西,都是价值不菲的精品，喝茶的杯子是用整块白玉雕成的，装果物蜜饯的盘子，是波斯来的水晶盘，墙上挂的书画，其中有两幅是吴道子的人物，一幅是韩干的马，还有个条幅，居然是大王的真迹。

一个人正靠在张软榻上，微笑着向陆小凤伸出了手。这双手上几乎已连一点肉都没有，薛冰也从来都没有看见过这么瘦的人。他不但手上没有肉，苍白的脸上，几乎也只剩下一层皮包着骨头。

在这么热的天气里，软榻上居然还铺着层虎皮，他身上居然还穿着裌袍。薛冰连做梦也没有想到，这位市井好汉中的老大，竟是个这么样的人。陆小凤已走过去，紧紧握住了他的手。

蛇王微笑着道："想不到你居然还记得我这个废人，居然还想着来看看我！"

薛冰总算松了口气，他说的总算还是她能听得懂的话。

陆小凤道："我早就想来看你了，可是这次……我并不是特地来看你的！"

蛇王笑道："不管怎么样，你总算已来了，我已经很高兴！"

陆小凤道："我是有事来求你的！"

蛇王道："你既然到了这里，有事当然要来找我，你能想到来找我，就表示你还拿我当作朋友，这就已经足够！"他大笑着，看着薛冰，又道，"何况，你还带了这么美的一位姑娘来，我已很久没有看见过这样的美人了！"

薛冰的脸又红了，嫣然道："我姓薛，叫薛冰！"她忽然发现这个蛇王身子虽虚弱，却是个非常豪爽的人，而且显然很够义气。她忽然发现自己对这个人的印象居然很不错。

蛇王道："薛冰？是不是神针薛夫人家里的薛冰？"

薛冰红着脸，点了点头。

蛇王大笑，道："想不到今天我居然能见到武林中最有名的美人。"他用力握着陆小凤的手,又笑道,"看来你非但眼光不错,运气也很不错,我若是你,我自己一定先干一大杯。"

这次陆小凤倒听话得很,立刻倒了杯酒喝下去。桌上有金樽玉爵,酒是琥珀色的。

酒已微醺。蛇王终于问:"你要什么?只要我有的,你都可以拿去,若是我没有的,我也可以去帮你找到!"

陆小凤道:"我要一张图!"

蛇王道:"什么图?"

陆小凤道:"王府的地形图,上面还要详细注明着守卫暗卡的所在,和他们换班的时间!"

这当然绝不是件容易的事。但蛇王既没有露出难色,也没有问为什么要这样一张图。

他的回答很简单:"好!"陆小凤也没有谢,他们的交情已用不着说这个字。

蛇王看着他,目中带着满意之色,他懂得陆小凤的意思,他只问了一句话:"今天晚上你们准备住在哪里?"

"如意客栈!"

"明天日落前,我会叫人将那张图送去。"

04

　　江岸边的风,永远是清凉的,夜凉如水。有月,有星,还有繁星般的点点渔火。他们带着五分酒意,沿着江岸慢慢地向前走。这实在是个很美丽的城市,他们喜欢这城市,也喜欢这城市里的人。

　　薛冰忽然轻轻叹了口气,道:"我现在总算明白了一件事!"

　　陆小凤道:"什么事?"

　　薛冰道:"你的确有很多好朋友!"

　　陆小凤承认:"尤其是蛇王,无论谁能交到他这种朋友,都是运气!"

　　薛冰停下来,眺望着江上的渔火,月下的波影,心里充满了欢愉:"我喜欢这地方,将来我说不定会在这里住下来的!"

　　陆小凤道:"这地方不但人好,天气好,而且还有很多好东西吃。"

　　薛冰嫣然道:"尤其是你带我去吃的那碗肉羹,我一辈子也忘不了!"

　　陆小凤笑了,道:"你若知道那是用什么肉做的,一定更忘不了!"

　　薛冰道:"那是用什么肉做的?"

　　陆小凤道:"蛇肉和猫肉。"

　　薛冰还在吐,她已经吐了五次,回到客栈,又找了个脸盆,躲在屋里吐,连苦水都吐了出来。陆小凤微笑着,在旁边看着。

　　薛冰总算吐完了,回过头,恨恨地看着他,咬牙道:"你这人一定有毛病，喜欢看别人受罪。"

陆小凤微笑道："我并不喜欢看别人受罪，只不过喜欢看你受点罪！"

薛冰跳了起来，道："我什么地方得罪了你？你要这样子害我？"

陆小凤叹了口气，摇着头，道："这种人真没良心，我带她去吃那么好吃的东西，她居然还说我害她！"

薛冰道："这么样说来，我还应该感激你才对！"

陆小凤道："一点也不错！"

薛冰道："我实在很感激你，我简直感激得恨不得一口咬死你！"

她忽然扑过去，扑到他身上，一口咬住了他的耳朵，她咬得并不重……

风这么轻，夜这么静。两个多情的年轻人，在一个陌生而美丽的城市里——你若是男人，你希不希望自己就是陆小凤？你若是女人，你希不希望自己就是薛冰？

05

黄昏，又是黄昏。他们手挽着手，从外面回来时，桌上已摆着个很大的信封。

信封上只有四个字："幸不辱命！"

青石板铺成的街道，在星光下看来，亮得就像是镜子。

薛冰用力握着陆小凤的手："你一定要去？"陆小凤点点头。

薛冰道："你一定不让我跟你去？"

陆小凤又点点头。薛冰却扭过头去，因为她眼睛里已有了泪光，她不愿让陆小凤看见。

陆小凤道:"若是我们两个人一起去,能活着出来的机会只有一半!"

薛冰道:"可是……我一个人在外面等你,你叫我怎么受得了!"

陆小凤道:"你可以去找人聊聊天,喝喝酒!"

薛冰道:"你叫我去找谁?"

陆小凤笑了笑,道:"只要有舌头能说话,有嘴能喝酒的人,你都可以去找!"

薛冰霍然转过头,狠狠地瞪着他,一脚踢在他小腿上,大声道:"好!我去找别的男人,你去死吧!"

第五章

绣花大盗

01

风还是同样轻，夜还是同样静。但陆小凤却知道，这静夜里到处都可能有埋伏陷阱，这种风里随时都可能有杀人的弩箭射出来。

"王府中的卫士，实际只有六百二十多个，值夜时分成三班。

"每班两百人，又分成六队。

"这六队卫士，有的在四下巡逻，有的守在王爷的寝室外，也有的埋伏在庭院里。

"宝库外的一队卫士，一共有五十四个人，每九人一组，从戌时起，就沿着宝库四周交错巡逻，其间最多只有两盏茶时候的空当。"

这些事，蛇王都已打听得很清楚，王府中显然也有他的兄弟。要混进王府，只有一条路——从西北边的一个小院子里进去。那里是卫士们的住宿处，也正是王府中守卫最疏忽的地方。交了班的卫士回去后，大多数都已精疲力竭，一倒在床上就睡得很沉。陆小凤已越墙而入，心里还是觉得有点发闷。他不想对薛冰说那种话的，可是他一定要说，因为他绝不能让薛冰跟着他一起来。

虽然他只不过想证明，是不是有人能全凭自己的本事闯入那宝库去，虽然他只不过是想找出那绣花大盗是用什么法子进去的，然后再由这条线索往下追。但他也知道，只要一进了王府，就等于闯入了龙潭，只要一被人发现，就随时都可能死在乱刀乱箭下。

王府里的卫士们，是绝不会听他解释的。他绝不能让薛冰冒这种险。

可是他自己为什么要冒这种险呢？这连他自己也不太清楚。也许这只不过因为他天生就是个喜欢冒险的人，也许这只不过因为他不但好奇，而且好胜。他已下了决心，一定要找出那个绣花大盗来。

院子里有几排平房，不时有一阵阵鼾声传出。后面的大厨房里还亮着灯光，显然有人正在为已快交班回来的卫士准备夜点。现在正是第一班卫士和第二班换防的时候，第三班卫士睡得正沉。

陆小凤并不是神偷，因为他不偷。可是要从一群沉睡的年轻人中偷套衣服，在他说来，却绝不是困难的事。

现在他已偷了套卫士的衣服，套在他的紧身衣外面，卫士们都是高大精壮的小伙子，身材都和他差不多。他的动作必须快。卫士换防的时候，总难免有些混乱，混乱中就难免有疏忽，这正是他最好的机会。他早已从那张地形图上，找出了一条最近的路，直达宝库。

在路上他也曾遇见一些刚交班下来的卫士，可是他并没有躲闪，别人也并没有特别注意他。

在换防时本就常常会有人迟到的，这种情况并不特殊。王府的八百卫士中，也本来就有很多新人。宝库的面积很大，左面是片桃花林，现在花已谢了。陆小凤躲在树林里，等一队巡逻的卫士走过时，就轻轻掠出来，跟在最后面一个人的身后。

他的行动当然绝不会发出任何声音。迎面而来的卫士们，也不会注意到这队卫士后面多了一个人。这队卫士正是沿着宝库四周巡逻的，他也跟在后面巡逻了一遍。他的心在发冷。这宝库四壁都是用巨大的石块砌成的，竟连个窗户都没有，看来的确是连只苍蝇都飞不进去。

陆小凤等到前面的卫士转过屋角时，突然飞身掠上了屋顶。屋顶上也许有气窗，屋顶上盖着的瓦，也不难掀起来。他知道江湖中有很多人作案时，都喜欢走这条路。现在他就像是条壁虎般，在屋顶上游走了一遍，还是没有路。

他掀起几块屋瓦，屋瓦下竟还有三层铁网，就算有宝刀利刃，也未必能削断。这宝库就像是个密不通气的铁匣子，莫说是苍蝇，看来就连风都吹不进去。那绣花大盗是怎么进去的？陆小凤轻轻叹了口气，他实在想不通。

宝库旁边有间比较矮的平房，里面黑黝黝的，不见灯火。

他燕子般一掠而过。现在他已完全绝望，只想赶快找条路出去。就在他身子凌空时，他忽然看见对面的平房上有个人站了起来。一个白面微须，穿着身雪白长袍的人，一双眼睛在黑暗中看来，就像是两颗寒星。陆小凤的心沉了下去，人也沉了下去。

他忽然使出"千金坠"的功夫，落到地上。就在这时，他又看见了剑光一闪，从对面的屋顶上匹练般刺了过来。他从来也没有看见过如此辉煌、如此迅急的剑光。

忽然间，他整个人都已在剑气笼罩下，一种可以令人连骨髓都冷透的剑气。这一剑的锋芒，竟似比西门吹雪的剑还可怕，世上几乎已没有人能抵挡这一剑。陆小凤也不能抵挡，也根本不能抵挡。他的脚尖沾地，人已开始往后退。剑光如惊虹电掣般追击过来。他退得再快，也没有这一剑下击之势快，何况现在他已无路可退。

他的身子已贴住了宝库的石壁。剑光已闪电般刺向他的胸膛，就算他还能往两旁闪避，也没有用的。他身法的变化，绝不会有这一剑的变化快。眼看着他已死定了！

但就在这时，他的胸膛突然陷落了下去，就似已贴住了自己的背脊。这一剑本已算准了力量和部位，再也想不到他这个人竟突然变薄了。这种变化简直令人无法思议。剑光刺到他面前时，力已将尽，因为这时他的胸膛本已该被刺穿，这一剑已不必再多用力气。

真正的武林高手，对自己出手的每一分力量都算得恰到好处，绝不肯浪费一分力气的，何况这人本是高手中的高手！他永远也想不到这一剑竟会刺空。但这时，陆小凤也已更没有退路，他的剑再往前一送，陆小凤还是必死无疑。

可是，就在这间不容发的一刹那间，陆小凤也已出手！他突然伸出了两根手指一夹，竟赫然夹住剑锋！没有人能形容他这两指一夹的巧妙和速度，若不是亲眼看见的人，甚至根本就无法相信。

白衣人也已落地。他的剑并没有再使出力量来，只是用一双寒星般的眼睛，冷冷地看着陆小凤。

陆小凤也在看着他，忽然问："白云城主？"

白衣人冷冷道："你看得出？"

陆小凤叹了口气，道："除了白云城主外，世上还有谁能使得出这一剑？"

白衣人终于点点头，忽然也问："陆小凤？"

陆小凤道："你看得出？"

白云城主道："除了陆小凤外，世上还有谁能接得住我这一剑？"

陆小凤笑了。无论谁听到"白云城主"叶孤城说这种话，都会觉得非常愉快的。据说他生平从未称赞过任何人，这句话却已无疑是称赞。

叶孤城又道："四年前，你用同样的手法，接住了木道人一剑，至今他还认为你这手法是天下无双的绝技。"

陆小凤道："他是我的朋友，有很多人都喜欢为朋友吹嘘的！"

叶孤城道："四个月前，他看见我使出了刚才那一招'天外飞仙'，他也认为那已可算是天下无双的剑法。"

陆小凤叹道："那的确是的！"

叶孤城道："但他却认为，你还是可以接得住我这一剑！"

陆小凤道："哦？"

叶孤城道："我不信，所以我一定要试试！"

陆小凤道："难道你知道我会到这里来？"

叶孤城点点头。

陆小凤道："你本就是在这里等着我的？"

叶孤城又点点头。

陆小凤道："我若接不住你那一剑呢？"

叶孤城淡淡道："那么你就不是陆小凤！"

陆小凤苦笑道："陆小凤也可能接不住你那一剑的！"

叶孤城道："若是接不住那一剑，陆小凤现在也已不是陆小凤。"

陆小凤道："若是接不住那一剑，陆小凤现在已是个死人！"

叶孤城冷冷道："不错，死人就是死人，死人是没有名字的。"他突然回手，剑已入鞘。

能从陆小凤两指间夺回剑锋的人，他也是第一个。

陆小凤又笑了："看来你并不想杀我！"

叶孤城道："哦？"

陆小凤道："你若想杀我，现在还有机会。"

叶孤城凝视着他，缓缓道："像你这样的对手，世上并不多，死了一个，就少了一个！"他寒星般的眼睛里似已露出种寂寞之色，慢慢地接着道，"我是个很骄傲的人，所以一向没有朋友，我并不在乎，可是一个人活在世上，若连对手都没有，那才是真的寂寞。"

陆小凤也在凝视着他，微笑道："你若想要朋友，随时都可以找得到的！"

叶孤城道："哦？"

陆小凤道："至少你现在就可以找到一个！"

叶孤城目中竟似露出了一丝笑意，缓缓地道："看来他们并没有说错，你的确是个很喜欢交朋友的人！"

陆小凤道："他们？他们是谁？"

叶孤城没有回答，也已不必回答。因为这时陆小凤已看见了金九龄和花满楼。

02

陆小凤忽然发现叶孤城和西门吹雪有很多相同的地方。他们都是非常孤独、非常骄傲的人。他们对人的性命，看得都不重——无论是别人的性命，还是他们自己的，都完全一样。他们的出手都是绝不留情的，因为他们的剑法，本都是杀人的剑法。他们都喜欢穿雪白的衣服。

他们的人也都冷得像是远山上的冰雪——难道只有他们这种人，才能练得出那种绝世的剑法？

陆小凤举杯时，又发现了一件事。叶孤城也是个滴酒不沾的人，甚至连茶都不喝。他唯一的饮料，就是纯净的白水。

陆小凤一举杯，酒已入喉。

叶孤城看着他，仿佛觉得很惊讶："你喝酒喝得很多？"

陆小凤笑道："而且喝得很快！"

叶孤城道："所以我奇怪！"

陆小凤道："你觉得喝酒是件很奇怪的事？"

叶孤城道："酒能伤身，也能乱性，可是你的体力和智能，却还是都在巅峰！"

陆小凤笑了笑，道："其实我也并不是时常都是这样酗酒的，我只不过在伤心的时候，才会喝得这么凶！"

叶孤城道："现在你很伤心？"

陆小凤道："一个人在被朋友出卖了的时候，总是会很伤心的！"

花满楼笑了，他当然能听出陆小凤的意思。

金九龄也在笑："你认为我们出卖了你？"

陆小凤板着脸，道："你们早就知道我会来，也知道有柄天下无双的利剑正在这里等着我，但你们却一直像两个曹操一样，躲在旁边看热闹。"

金九龄道："我们的确知道你会来，因为你一定要来试试，是不是有人能进入宝库！"

陆小凤道："所以你们就在这里等着看我，是不是能进得去？"

金九龄承认："但我们还是直等你上了屋顶后，才发现你的！"

陆小凤道："然后你们就等着看我是不是会被叶城主一剑杀死？"

金九龄道："你也知道他并没有真要杀你的意思！"

陆小凤道："但那一剑却不是假的！"

金九龄笑道："陆小凤也不是假的！"

他实在是个很会说话的人，无论谁遇到他这种人，都没法子生气的。

金九龄又道："你还没有来的时候，我们已有了个结论！"

陆小凤道："什么结论？"

金九龄道："若连陆小凤也进不去，世上就绝没有别的人能进得去。"

陆小凤道："那绣花大盗难道不是人？"

金九龄也说不出话来了。

陆小凤道:"我实在没法子进去,就算我有那宝库的钥匙,也没法子开门;就算我开门进去了,也没法子再从外面把门锁上。"

金九龄道:"江重威那天进去的时候,宝库的门确实是从外面锁住的!"

陆小凤道:"我知道。"

金九龄道:"所以,按理说,宝库一定还有另外一条路,那绣花大盗就是从这条路进去的!"

陆小凤道:"只可惜事实上却根本没有这么样一条路存在。"

花满楼忽然道:"一定有的,只可惜我们都找不到而已。"

叶孤城一直在旁边冷冷地看着他们,对这种事,他完全漠不关心。他关心的只有一件事:"西门吹雪是你的朋友?"

陆小凤点点头,忽然道:"现在还有个人在外面等我的消息,你们猜是谁!"他就怕叶孤城问起西门吹雪,所以叶孤城一问,他就想改变话题。

但叶孤城却并不想改变话题,又问道:"你是不是也跟他交过手?"

陆小凤只好回答:"没有!"

叶孤城道:"他的剑法如何?"

陆小凤勉强笑道:"还不错。"

叶孤城道:"独孤一鹤是不是死在他剑下的?"

陆小凤只有点点头。

叶孤城道:"那么他的剑法,一定已在木道人之上。"他冷漠的脸上忽然露出了兴奋之色,慢慢地接着道,"我若能与他一较高下,才真是平生一大快事!"

陆小凤忽然站起来,道:"酒呢?怎么这里连酒都没有了!"

金九龄道:"我替你去拿。"

陆小凤道:"到哪里去拿?"

金九龄道:"这里有个酒窖。"

陆小凤道:"你进得去?"

花满楼笑了笑,道:"这王府中只怕已没有他进不去的地方!"

陆小凤道:"哦?"

花满楼道:"你既然敢夜入王府,难道连王府的新任总管是谁都不知道?"

陆小凤笑了:"酒窖在哪里?金总管请带路!"

酒窖就在宝库旁那栋较矮的平房里。金九龄拿出柄钥匙,开了门,已有卫士替他们燃起了灯。

进门之后,再掀起块石板,走下十余级石阶,才是酒窖。好大的酒窖!

陆小凤叹道:"我若真是个酒鬼,现在你就算把刀架在我脖子上,也休想叫我出去了!"

金九龄微笑道:"我知道有很多人都认为你是个鬼,但你却绝不是酒鬼!"

陆小凤道:"哦?"

金九龄道:"你到这里来,只不过怕叶孤城要你带他去找西门吹雪比剑而已!"

陆小凤叹道:"我实在怕他们两个人会遇上,这两个人的剑若是一出了鞘,世上只怕就没有人再能要他们收回去!"

金九龄道:"但他们迟早总有一天会遇上的!"

陆小凤苦笑道:"到了那一天会发生什么事,我简直连想都不敢想!"

金九龄道:"你怕他杀了西门吹雪?"

陆小凤道:"我也怕西门吹雪杀了他!"他叹息着又道,"这两个人都是不世出的剑客,无论谁死了,都是个无法弥补的损失。最可怕的是,这两人用的都是杀人的剑法,只要剑一出鞘,其中就有个人非死不可!"

金九龄道:"绝对非死不可?"

陆小凤道:"嗯!"

金九龄笑了笑,道:"可是这世上并没有'绝对'的事!"

陆小凤道:"哦?"

金九龄道:"那宝库本来是绝对没有人能进得去的,但现在却已有个人进去过了,难道他是忽然从天上掉下去的?忽然从地下钻出来的?"

陆小凤的眼睛里忽然发出了光,道:"这酒窖是不是就在那宝库的地下?"

金九龄道:"好像是的!"

陆小凤道:"我们若在这顶上打个洞,岂非也一样可以进入宝库?"

金九龄的眼睛也亮了:"这酒窖的外面,虽然防守较疏,但也得有钥匙才能进得来!"

陆小凤道:"江重威有没有钥匙?"

金九龄点点头,道:"可是他绝不会将钥匙交给那绣花大盗!"

陆小凤道:"他当然不会,但别人却会!"

金九龄道:"别人是谁?"

陆小凤道:"是个能接近他,能从他身上将钥匙解下来,偷偷打个模型的人!"

金九龄眼睛里闪着光,道:"你说的会不会是江轻霞?"

陆小凤用力拍了拍他的肩,道:"你果然不愧是六扇门里最聪明的人！"

陆小凤捧着一大坛酒回去,他决定要好好地庆祝庆祝。他从来也没有这么样开心过。

听见了他愉快的笑声,花满楼忍不住问道:"你开心什么?难道在那酒窖里找到了个活宝贝?"

陆小凤笑道:"一点也不错！"

花满楼道:"是个什么样的宝贝?"

陆小凤道:"是一条线！"

花满楼听不懂了:"一条线?是条什么样的线?"

陆小凤道:"是条看不见的线,但我们只要沿着这条线摸索过去,慢慢就能摸到那条狐狸的尾巴了！"

花满楼还是不太懂:"什么狐狸?"

陆小凤笑道:"当然是条会绣花的狐狸！"

现在他总算已证明了一件事。江轻霞的确是和那绣花大盗同一个组织的人。所以他只要能找到江轻霞,就一定能找到那绣花大盗。

花满楼道:"你有把握能找到江轻霞?"

陆小凤道:"有一点。"

花满楼道:"你准备怎么样去找?"

陆小凤道:"我准备先去找一双红鞋子,找一个本不该穿着红鞋子,却偏偏穿着红鞋子的人！"

花满楼叹了口气,苦笑道:"你说的话我好像越来越听不懂了！"

陆小凤笑道:"我保证你总有一天会懂的！"他忽然发现屋子里少了个人,"叶孤城呢?"

花满楼道:"他不喝酒,也不喜欢陪人喝酒,现在也已到了应该睡觉的时候！"

陆小凤道："你想他真的会去睡觉？"

花满楼又叹了口气，道："我只知道他若一定要去找西门吹雪，也没有人能拦得住他的！"

03

陆小凤并不时常醉，但却时常喜欢装醉。他装醉的时候，吵得别人头大如斗。花满楼并不怕他吵，但这里是王府，他不想让陆小凤砸破金九龄的饭碗。

陆小凤正用筷子敲着酒杯，放声高歌："黄河远上白云间，一片孤城万仞山，羌笛何须怨杨柳，春风不度玉门关。"这是唐人王之涣的名句，也是白云城主叶孤城最喜欢的诗。他显然还在想着叶孤城，所以他并没有真的醉。

"上马不提鞭，反拗杨柳枝，下马吹横笛，愁杀行客儿。"他又在唱北国的胡歌，唱完了一首，又唱一首，好像嗓子痒得要命。

花满楼忽然道："你刚才说外面有人在等你，是谁？"

陆小凤立刻不唱了。他当然并没有真的醉，薛冰现在却已可能真的醉了。一个人在又着急又生气的时候，总是特别容易醉的。陆小凤跳了起来，冲了出去。

金九龄道："你想是谁在外面等他？"

花满楼连想都没有想："一定是薛冰！"

金九龄道："一定是她？"

花满楼道："我知道薛冰一直都很喜欢他，他也一直都很喜欢薛冰！"

可是薛冰并没有在客栈等他,薛冰一直都没有回如意客栈去。陆小凤知道现在只有一个法子也许还能找得到薛冰——先去找蛇王。这次他当然已用不着别人带路。

夜已很深,蛇王居然还没有睡,看见陆小凤找来,也并不吃惊:"我正在等你!"

"你在等我?你知道我会来?"

蛇王点点头。

陆小凤又问:"薛冰来过?"

蛇王点点头:"她一直都在这里喝酒,喝了很多,也说了很多话!"

陆小凤道:"她说什么?"

蛇王笑了笑,道:"她说你不是个东西,也不是个人。"他虽然在笑,笑容中却仿佛带着忧虑。

陆小凤苦笑道:"她一定喝醉了!"

蛇王道:"但她却一定要走,一定要去找你,我既不能拉住她,又不放心让她一个人走,只好派两个人暗中在后面保护她!"

陆小凤道:"那两个人现在回来了没有?"

蛇王叹了口气,道:"他们已不会回来!"

陆小凤动容道:"为什么?"

蛇王的神情更沉重,道:"已有人发现了他们的尸体,薛姑娘却不见了!"

尸体是在一条暗巷中发现的,致命的伤,是在眼睛上。他们死的时候,已是瞎子。

"绣花大盗!"陆小凤全身都已冰冷。薛冰难道已落入绣花大盗的手里？难道她已知道陆小凤发现了她的秘密？这至少又证明了一件事——陆小凤找到的那线索，无疑是正确的！在重重疑云中能找到一条正确的线索，本是件值得兴奋的事。但陆小凤却觉得自己的心似已沉到了脚底，正在被他自己的脚践踏着。他忽然发觉自己对薛冰的感情，远比他自己想象中还要强烈得多。

回到小楼上，蛇王还在等着他，默默地替他倒了杯酒。陆小凤端起酒杯，又放下。

蛇王道："你不想喝杯酒？"

陆小凤勉强笑了笑："现在我只想能清醒清醒！"

他笑得比哭还难看，蛇王从来也没有见过他如此难受。

"我手下有三千个兄弟，只要薛姑娘还在城里，我一定能找得到！"这并不完全是安慰的话，他的确有这种力量。可是，等他找到她时，她的尸体说不定也已冰冷。

陆小凤忽然问："你有没有听说过一个会绣花的大胡子？"

蛇王点点头，道："我虽然一直没有问，但也已猜到你一定是为了这件事来的！"

陆小凤道："你的那两位兄弟，就是死在这个人手里的，所以……"

蛇王道："所以你怕薛姑娘也已落在他手里！"

陆小凤又端起酒杯。

这次蛇王却按住了他的手："你实在需要清醒清醒，最好能想法子睡一下！"

陆小凤苦笑，道："你若是我，你现在能睡得着？"

蛇王也在苦笑："我已有十年天天晚上都睡不着，这也是种病，久病成良医，所以我已有专治这种病的药。"一种白色的粉末，装在碧玉瓶中。

蛇王倒出了一点，倒在酒里："瞪着眼坐在这里就算坐十年，也救不出薛姑娘的，但你若能睡一下，若能清醒些，就说不定能想出救她的法子。"陆小凤迟疑着，终于将这杯酒喝了下去。

他醒来的时候，天已亮了，阳光已照在碧萝纱窗上。蛇王正坐在窗下，用一块雪白的绒布，轻轻擦拭着一柄剑。一柄非常细、非常窄的剑，是用上好的缅铁百炼而成的，平时可以当作腰带般围在身上。这正是蛇王的成名利器"灵蛇剑"。

陆小凤已坐起来，皱着眉问道："你在干什么？"

蛇王道："我在擦我的剑。"

陆小凤道："可是你至少已有十年没有用过这柄剑。"

蛇王道："我只不过是在擦剑，并没有准备用它。"

他一直没有看陆小凤，好像生怕陆小凤会从他眼睛里看出什么秘密来。他的脸色在阳光下看来，还是苍白得可怕。只有真正失眠过的人，才知道失眠是件多么痛苦、多么可怕的事。那已不是病，而是种比任何病都可怕的刑罚和折磨，他已被折磨了十年。

陆小凤看着他，过了很久，才缓缓道："我也从来都没有问过你的往事！"

蛇王道："你没有。"

陆小凤道："我不问，也许只不过因为我已知道！"

蛇王的脸色立刻变了变："你知道什么？"

陆小凤道："我知道你本来并不是蛇王，像你这种人，若不是为了要逃避一件极痛苦的事，是绝不会来做蛇王的。"

蛇王冷冷道："做蛇王也并不是什么丢人的事，你难道看不出我活得比世上大多数人都舒服？"

陆小凤道："但你却绝不是这种人，若不是为了逃避，本不该隐身在市井中！"

蛇王道："我本该是哪种人？"

陆小凤道："我不知道，我只知道你是我的朋友，只知道朋友之间应该说实话！"

蛇王的脸色更苍白，忽然长长叹息，道："你本不该醒得这么早的！"

陆小凤道："可是我现在已醒了！"

蛇王道："你认为我正逃避什么？"

陆小凤道："仇恨！世上很少有别的事能像仇恨这么样令人痛苦！"

蛇王的神色的确很痛苦。

陆小凤道："你为了要逃避这件仇恨，所以才到这里来，藏身在市井中，因为你知道你的仇人永远也想不到你已变成了蛇王。"

蛇王想否认，却没有开口。

陆小凤道："只可惜这件仇恨却是你自己永远也忘不了的，所以只要你一有机会，你就不顾一切，去将这件事结束！"他忽然走过去，扶着蛇王的肩，盯着蛇王的眼睛，一字字道，"现在你是不是已有了机会？是不是已发现了你仇人的行踪？"

蛇王又闭着嘴，神情更痛苦！

陆小凤道："你的仇人究竟是谁？现在是不是就在这城里？"

蛇王还是闭着嘴。

陆小凤道："你可以不说，但我也可以不让你下楼。"

蛇王板着脸，冷冷道："你自己的麻烦已够多了，为什么还要管别人的事？"

陆小凤叹了口气，道："我知道你对人有了恩惠，从不愿别人报答，所以你才不肯将这件事告诉我。"

蛇王闭上了嘴。

陆小凤道:"我也并不想报答你,只不过想跟你谈个交易!"

蛇王忍不住问:"什么交易?"

陆小凤道:"我替你去对付那个人,你替我去找回薛冰来!"

蛇王用力握紧了双拳,但苍白枯瘦的一双手,却还是忍不住在发抖:"不错,我的确有个仇人,我的确是要找他去算一笔账。"

"我果然没有猜错!"

蛇王冷笑道:"这既然完全是我的事,我为什么要你去替我做?"

陆小凤也在冷笑,道:"因为你的手在发抖,因为你已病了十年,已经被这仇恨折磨得不像个活人,因为你现在若是去了,只不过是去送死!"

蛇王僵直的身子突然软倒在椅子上,整个人都似已完全崩溃。

陆小凤却还是不肯放松,冷冷道:"也许你自己本来就已想死,因为你觉得活着比死更痛苦,但我却不愿看着你死在那个人手里,也不愿看着那个已经害得你半死不活的人,再逍遥自在地活在世上。"他用力握住了蛇王冰冷的手,一字字接着道,"因为我们是朋友!"

蛇王看着他,泪珠突然像泉水般从干涩的眼里流了出来,喃喃道:"你有没有看过我的妻子?你当然没有,所以你永远也不会知道,她是个多么温柔善良的女人,你有没有看过我的两个孩子?他们全都是聪明可爱的孩子,他们才只不过五六岁……"

陆小凤也咬紧了牙:"他们现在已全都死在那个人手里?"

蛇王的喉头已哽咽,声音已嘶哑:"她根本就不能算是个人,她的心比蛇蝎还毒,她的手段比厉鬼还可怕,也许她根本就是个从地狱中逃出来的魔女!"

陆小凤道:"她是个女人?"蛇王点点头。

"她叫什么名字?"

"公孙大娘。"蛇王又解释着道，"其实她叫公孙兰，据说是初唐教坊中第一名人公孙大娘的后代，所以知道她的人也都叫她公孙大娘！"

陆小凤道："我却不知道这个人，这名字我连听都没有听过。"

蛇王道："她并不是个名人，因为她不愿做名人，她认为做名人总是会有麻烦。"

陆小凤叹道："看来她至少已可算是个聪明的女人。"

做名人的麻烦和苦恼，又有谁能了解得比陆小凤更清楚？

蛇王道："可是她用过很多别的名字，那些名字你说不定反而会知道！"

陆小凤道："哦？"

蛇王道："女屠户、桃花蜂、五毒娘子、销魂婆婆……这些名字你总该听说过的！"

陆小凤动容道："这些人全是她？"

蛇王道："全都是。"

陆小凤叹道："看来她实在已可算是个很可怕的女人。"他又问，"她的行动既然如此诡秘，你是怎么找到她的？"

"我并没有找到她，是她找到我的。"蛇王从怀里拿出了张已揉成一团，又铺平叠好的信笺，"我知道你是什么人，也知道你一定很想见我，月圆之夕，我在西园等你，你最好带点银子来，请我吃那里拿手的鼎湖上素和罗汉斋面。"字写得很美、很秀气，下面的具名，是一束兰花。

蛇王道："这是她交给城南的一个兄弟，要他当面交给我的！"

陆小凤沉吟着，道："她没有直接交给你，也许她还不知道你的住处！"

蛇王道："能到我这小楼上来的人并不多！"

陆小凤道："西园，是不是那个里面有株连理树的西园？"

蛇王道："不错。"

陆小凤道："今天就是月圆之夕？"

蛇王道："今天是十五。"

陆小凤道："她约的是晚上，现在还早，你就已准备去？"

蛇王道："你以为现在是什么时候？还是上午？"

陆小凤忽然发现窗外的阳光已渐渐暗淡，已将近黄昏了。

"那些药本足够让你睡到明天早上的，可是再强的药力，对你这个人好像也没有什么效力。"

陆小凤苦笑道："这也许只因为我这个人本来就已经快麻木。"

蛇王凝视着他，缓缓道："我也知道我绝不是她的对手，可是你……"

陆小凤道："你用不着担心我，比她再厉害十倍的人，我也见过，我现在还活着。"他不让蛇王开口，又道，"只不过，有件事我倒有点担心！"

"什么事？"

"我担心我找不到她。"陆小凤接着道，"她既然有很多名字，一定也有很多化身，何况，有些女人只要改变一下衣服和发式，别人就很难认得出她的。"

蛇王道："她的易容术的确很精，也很少以真面目示人，可是她有个毛病，你只要知道她这个毛病，就一定能认得出她来！"好像每个女人都多多少少有点毛病的。

陆小凤笑了笑："她的毛病是什么？"

蛇王道："她这个毛病很特别。"好像愈聪明、愈美丽的女人，毛病就愈特别。蛇王道："无论她穿着什么样的衣服，无论她改扮成什么样的人，她穿的鞋子总是不会变的！"

陆小凤的眼睛里已发出了光："她穿的是什么鞋子？"

"红鞋子！"

陆小凤跳了起来。

"鲜红的绣花鞋子，就像新娘子穿的那种，但上面绣的却不是鸳鸯，而是只猫头鹰！"

第六章

要命的约会

01

　　西园在城西,是个大花园。现在已过了黄昏,花丛里、树荫下、亭台楼阁间,已亮起了一盏盏繁星般的灯光。晚风中带着花香,也带着酒香。月圆如镜,正挂在树梢。是连理树。高大的红木棉,两株连理,合成一株,就像是情人们在拥抱着一样。

　　陆小凤又想起了薛冰。只要一想起薛冰,他的心就好像忽然被人刺了一针。他并不是个无情的人,但他也知道,现在并不是焦急伤心的时候。他已在园中走了一遍,今夜来的女客并不多,他还没有看见一个穿红鞋子的女人。可是他并不着急。

　　因为公孙兰并不知道园子里有陆小凤这么样一个人在找她,这点他无疑已占了优势。冰盘般的明月,已渐渐升高了,朦胧的月色,美得令人心碎。现在若是有薛冰在身侧,她一定会吵着要找个位子坐下来,叫一大盘这里最有名的鼎湖上素。

　　在别人面前,她总是很害羞,一句话还没有说,脸就已红了;可是只要跟陆小凤在一起,她好像就忽然变成了个顽皮的孩子,一会儿吵着要这样,一会儿又吵着要那样,连片刻都不肯停。

　　陆小凤忽然发现了一件事——他喜欢她吵,喜欢听她吵,看她吵,喜欢看她像孩子般在他面前撒娇赖皮,喜欢她在……他禁止自己再想下去,他准备再到别的地方去走走。

就在他刚转过身的时候,他看见一个老太婆从树影下走了出来。一个很老的老太婆,穿着身打满补丁的青色衣裙,背上就好像压着块大石头,好像已将她的腰从中间压断了。

她走路的时候,就好像一直弯着腰,在地上找什么东西一样。月光照在她脸上,她的脸满是皱纹,看来就像是张已揉成一团,又展开了的棉纸。

"糖炒栗子!"她手里还提着个很大的竹篮,用一块很厚的棉布盖着,"刚上市的糖炒栗子,又香又热的糖炒栗子,才十文钱一斤。"

一个孤苦贫穷的老妇人,已到了生命中垂暮之年,还要出来用她那几乎已完全嘶哑的声音,一声声叫卖她的糖炒栗子。

陆小凤忽然觉得心里很难受,他本就是个很富于同情的人:"老婆婆,你过来,我买两斤。"

栗子果然又香又热,而且正是刚上市的。

"你说十文钱一斤?"

老婆婆点点头,还是弯着腰,好像一直在看陆小凤的脚,因为她的腰根本已直不起来。

陆小凤却摇了摇头,道:"十文钱一斤绝不行!"

"才十个大钱,大爷你也嫌贵?"

陆小凤板着脸道:"像这么好的栗子,至少也得十两银子一斤才行,少一文钱我都不买。"

老婆婆笑了,笑得满脸的皱纹更深——这人是个呆子?还是《镜花缘》中君子国来的人?

"十两银子一斤,你若肯卖,我就买两斤。"

老婆婆当然肯卖:"二十两一斤我也肯卖!"一个人年纪老了时,

为什么总是比较贪心？

陆小凤笑道："但是我也有件事要你帮我个忙！"

老婆婆苦笑道："像我这样的老太婆，还能帮大爷你做什么事？"

陆小凤道："这件事只有你能做！"

"为什么？"

陆小凤笑道："因为你的腰已弯了，本来就好像是在地上找东西一样，所以我要你去替我找样东西！"

"找什么？"

陆小凤道："找一个穿红鞋子的女人，红鞋上还绣着只猫头鹰。"

老婆婆也笑了。这种事叫她做，正是再合适也没有的了，她就算钻到别人裙子底下去，别人也不会疑心的。

她接过了银子，眼睛已笑得眯成一条线："大爷你在这里等着，一找到，我就回来告诉你。"

陆小凤道："你若能找到，回来我再买你五斤栗子。"

老婆婆高高兴兴地走了。陆小凤更开心，不但开心，而且得意。只有他这种聪明人，才会想得出这种聪明主意。他忽然发现自己实在是个天才。但他却忘了一件事——天才往往总是比较短命的！

栗子还很热，又热又香。陆小凤正准备慰劳自己。他找了块干净的石块坐下来，正剥了个栗子，准备放进嘴。他忽然又想起了薛冰。薛冰最喜欢吃栗子，天冷的时候，她总是先把栗子放在怀里，暖着手，然后再慢慢地剥来吃。有一次陆小凤看见她时，她就正在剥栗子。

那天真冷，陆小凤的手都快冻僵了，她就拉着他的手，放到她怀里去。直到现在，那种甜甜的温暖，仿佛还留在陆小凤的指尖。可是她的人呢？这栗子你叫陆小凤怎么能吃得下去？

远处的花丛间，隐隐传来了一阵凄婉的歌声："云鬓乱，晚妆残，带恨眉儿远岫攒，斜托香腮春笋嫩，为谁和泪倚栏杆？"优美的歌声中，充满了一种浓得化不开的缠绵相思之意。

陆小凤轻轻叹了口气，用衣角兜着的栗子，撒了一地。连他自己都不知道自己竟是个如此多愁善感的人。

他倚在树上，闭上了眼睛："若是永远也找不到她了呢？"

他的情绪忽然变得很消沉，动也不想再动，看起来就像是个死人。

就在这时候，那个卖糖炒栗子的老婆婆又从黑影中走了出来。

陆小凤眼睛并不是完全闭着的，还眯开着一条线。

他本来想起来问这老婆婆，是不是已找到那个穿红鞋子的女人。可是他忽然发现这老婆婆昏花的老眼里，竟似在闪动着一种刀锋般的光。这么样一个老太婆，眼睛里本来绝不该有这种光的。

陆小凤的心，忽然也仿佛闪过了一道光——灵光。

他索性将呼吸也闭住。老太婆看了看他，又看了看散落在地上的糖炒栗子，干枯的嘴角，似又露出了一丝狞笑。陆小凤的脸在树影下看来，正是死灰色的。

老太婆喃喃道："这么好的糖炒栗子，一个就可以毒死三个人，不捡起来岂非可惜！"

她蹒跚着走了过来，陆小凤忽然发现她走路的样子虽然老态龙钟，但脚步却很轻。她穿的裙子很长，直拖到地上，盖住了脚，她脚上穿的是什么鞋子？

陆小凤突然张开了眼睛，瞪着她。这老太婆居然并没有吃惊，至少陆小凤并没有看出她有吃惊的样子。

她实在真能沉得住气，居然还眯起眼笑了笑，道："这地方好像没有穿红鞋子的女人，穿紫鞋子和黄鞋子的倒有两个！"

陆小凤也笑了笑，道："穿红鞋子也有一个，我已找到了！"

老婆婆道："大爷你已找到了？在哪里？"

陆小凤道："就在这里，就是你！"

老婆婆吃惊地看着他："是我？我这种老太婆会穿着双红鞋子？"

陆小凤淡淡道："我的眼睛会透视，已看见了你脚上的红鞋子，而且还看见了上面绣着的那只猫头鹰！"

老婆婆忽然笑了。她的笑声如银铃，比银铃更动听："你没有吃我的糖炒栗子？"

"没有。"

"这么好的糖炒栗子，你为什么不吃？"

陆小凤叹了口气，道："因为我是个多情的人！"

老婆婆眨了眨眼，道："多情的人就不吃糖炒栗子？"

陆小凤道："偶尔也吃的，但却只吃没有毒的那一种。"

老婆婆又笑了，银铃般笑道："好，陆小凤果然不愧是陆小凤！"

"你知道我是陆小凤？"

老婆婆笑道："脸上长着四条眉毛的人，这世上又有几个？"

陆小凤也笑了。他笑得当然没有这老太婆好听，因为他根本就不是真的在笑。他知道这老婆婆已经快出手了，也知道这出手一击必定很不好受。他没有猜错。

就在他开始笑的时候，这老婆婆已从篮子里抽出双短剑，剑上系着鲜红的彩缎。就在他看见这双短剑的时候，剑光一闪，剑锋已到了他的咽喉。好快的出手！好快的剑！

陆小凤不敢出手去接，他怕剑锋上有毒。平时他也许是个很大意、很马虎的人，可是到了这种生死关头，能比他更谨慎小心的人，找遍天下也找不出几个。他的人忽然间已游鱼般滑了出去。不但反应快，动作更快。可是无论他的人到了哪里，闪动飞舞的剑光立刻也跟着到了哪里。

剑光如惊虹电掣，木叶被森寒的剑气所摧，一片片落了下来。转瞬间又被剑光绞碎。陆小凤已被逼出了冷汗。他本以为西门吹雪和叶孤城已是世上最可怕的剑客，他想不到世上还有个这么样的人。

> 昔有佳人公孙氏，一舞剑器动四方。观者如山色沮丧，天地为之久低昂。
> 爗如羿射九日落，矫如群帝骖龙翔。来如雷霆收震怒，罢如江海凝清光。……

这里虽没有如山的观者，但陆小凤面上的颜色的确已沮丧。连十五的明月，似也被这森寒的剑气逼得失去了光彩。难道这就是昔年的公孙大娘，教她弟子所舞的剑器？

陆小凤这才知道，剑器并不是舞给别人看的，剑器也一样可以杀人。他现在就随时都可能死在这剑器下。红缎带动短剑，远比用手更灵活，招式的变化之快，更令人无法思议。

陆小凤的衣襟已被割破，人已被逼得贴在树干上，"哧"的一声，剑风破风，两柄短剑如神龙交剪，闪电般刺了过来。这里已是退无可退的绝路。

公孙大娘嘴角又露出了狞笑，但她却不知道陆小凤最大的本事，就是在绝路中求生，在死中求活。他的人突然沿着树干滑了下去，像蛇一般滑在地上。

只听"夺"的一响，剑锋已钉入了树干。就在这一刹那间，陆小凤的人已又弹起，反手一划，剑柄上的绸带已断！这一招就等于砍断了握剑的两只手。公孙大娘的身子也已凌空翻出，长裙飘飞，陆小凤终于看到了她的鞋子。红鞋子！

明月当空，红鞋子在月光下一现，她的人已飞掠出五丈外。陆小凤当然绝不肯让她就这样走的，可是他身形展动时，已比她迟了一步。这一步他竟始终无法追上。

无论他用多快的身法，他们之间的距离，始终都保持着四五丈远。江湖中以轻功著名的高手，陆小凤也见过不少。司空摘星当然就是其中轻功最高的一个，阎铁珊、霍天青、西门吹雪、老实和尚，这些人当然也都不弱。

但此刻在前面逃的若是这些人，陆小凤说不定早已追上了。他忽然发现这个"老婆婆"非但剑法可怕，而且也是他前所未见的轻功高手。花木园林、亭台楼阁，飞一般从他们脚底倒退了出去。

接着又是一重重屋脊、一条条道路。公孙大娘的身法竟始终也没有慢下来，她显然绝不是气力已衰的老婆婆。但陆小凤也正是年轻力壮，精神、体力都正在巅峰，他的身法当然也没有慢下来。

公孙大娘已发现要甩掉后面这个人，实在不是件容易事。

前面的一条街上，灯火辉煌，现在时候还不晚，这条街上正是城里最热闹的地方。街上有两三家茶楼，两三家酒馆，街旁摆着各式各样的摊子，有几档是卖针线花粉，有几档卖的是鱼生粥和烧鹅。

公孙大娘身子突然下坠，人已落在街上，立刻放声大叫了起来："救命呀，救命……"

她大叫着，奔入了一家茶楼，陆小凤也已追到，但是一个老太婆叫救命，一个年轻力壮的大男人在后面追，这件事当然是人人都看不惯的。已有几个直眉楞眼的小伙子，怒吼着跳了起来，有的还抽出了刀。陆小凤已发现要糟了。他当然有能力将这些路见不平、仗义勇为的年轻人一下子全都打倒，可是这些人看来都恨不得能一下子打倒他。

七八个人一起拥上来，动刀的动刀，拿板凳的拿板凳，围住了陆小凤，纷纷大骂："丢你老母，你条契弟追住个伯爷婆做乜，唔通你重想强奸她？"

陆小凤实在哭笑不得，想解释，不知该怎么解释，想出手，又下不了手。一条板凳已当头砸下来，他只有伸手去挡，"嘣"的，他的手没有断，板凳却断了。大家这才吃了一惊，就在这时，已有个人冲了进来，"噼噼啪啪"，一人给了他们一个大耳光。这些直眉楞眼的年轻小伙子，竟连一个敢还手的都没有。

陆小凤总算松了口气，他已看出冲进来的这个人，正是昨天在蛇王楼下的院子里，想试试他功夫的那两条赤膊大汉之一。

"你地知唔知他系乜嘢人？"这大汉指着陆小凤，大声道，"他就系蛇王老大的最好嘅朋友，天下功夫最犀利嘅陆小凤。"

对这些小伙子来说，陆小凤的名字并不吓人，可是蛇王的朋友，那就是谁都不能动的了。于是拿刀的藏起刀，拿起板凳的放下板凳，一个个都想过来道歉、赔罪！陆小凤却已乘机冲了出去，冲出了后门的门。后门外是条小巷子。他刚才看见公孙大娘就是从这扇门出去的，但现在，小巷子里却只有条野狗，蹲在阴沟旁啃骨头。公孙大娘已连影子都看不见了。

陆小凤叹了口气，知道再追也没法子追了，只好转过身。

那大汉已跟过来，打着半生不熟的官话，道："我们正准备到西园去找你，想不到你已来了！"

"找我有事？"

大汉点点头，道："我们已找到那位姑娘的地方，她……"天不怕，地不怕，就怕广东人说官话，他结结巴巴地说着，自己也急得满头大汗。

陆小凤更急,打断了他的话:"她在哪里?"

大汉道:"我带你去!"

02

街上的人还是很多,可是看见这大汉走过来,大多都远远地避开了。

"我也姓陆,叫陆广。"他好像认为姓陆是件很光荣的事,所以他觉得自己脸上也有光。

陆小凤却只希望他少说话,快走路。

"我佩服你,你的功夫真是莫得顶。"陆广却一心在讨好,"这东西香得很,你吃不吃?"他从怀里拿出来的东西,竟赫然又是几个糖炒栗子,又香又热的糖炒栗子。

陆小凤却好像看见了毒蛇一样,一把拉住他的手:"这是哪里来的?"

陆广怔了怔,道:"当然是买来的,姓陆的从来也不白拿别人的东西!"

"从哪里买来的?卖栗子的人呢?"

"就在那边。"

陆广随手一指,街角上果然有个卖栗子的摊子,一个人正在大铁锅里炒栗子。栗子本就不是什么特别的东西,到处都有得卖的。陆小凤松了口气,但掌心却已沁出了冷汗。

现在想起来,他才发现刚才他剥开栗子的那一刻,也许就是他生平最危险的时候,只要那个栗子一进了嘴,现在他已不是陆小凤了。

"死人就是死人,死人没有名字。"就连叶孤城剑锋逼上他胸膛的那一瞬间,也没有刚才危险。他突然发觉一个人多情也是有好处的。何况他现在总算已知道了薛冰的下落。

陆小凤忽然又觉得愉快了起来,拍着陆广的肩,笑道:"想不到你也姓陆,好极了,几时有空我请你饮茶。"饮茶本是广东人最大的嗜好,饭可以不吃,茶却不可不饮。

谁知陆广却摇着头道:"我不饮茶,我只喝酒!"

陆小凤大笑,笑得别人都扭过头,吃惊地看着他。可是他不在乎。

他高兴的时候,只希望全世界的人都知道,都陪他高兴。这时陆广已转进了条小巷子,这条巷子正在一家饼店和一家绸缎庄的中间。巷子特别窄,两个人不能并肩走,巷子两边也没有门,看来这只不过是那两家店铺盖房子时,故意留出来的一点空地而已。

也许这两家人彼此都看不顺眼,所以谁都不愿自己的墙连着对方的。但巷子的尽头,却有扇小红门。门是虚掩着的,一个人正站在门口,好像很着急,急得直搓手。

看见陆广,这人立刻迎上来,在陆广耳边悄悄说了两句话,陆广的脸色似已变了,回过头向陆小凤勉强笑了笑,道:"就是这里,我……我不能陪你进去了。"

为什么不能进去?难道这屋子里也有什么可怕的事?

陆小凤已冲了进去,只要能找到薛冰,无论遇着什么事,他都不在乎。

03

院子里只有两间平房,房里有两个人。两个都不是薛冰。是两个男人,其中一个是金九龄。

陆小凤怔住:"你怎么会在这里?薛冰呢?"

金九龄没有回答这句话,却伸出了手——他手里提着件衣服,又轻又软的白衣服。这是薛冰的衣服。陆小凤当然认得出,他脸色已变了。薛冰的衣服在这里,人却不在,这件衣服当然不会是自己走来的。她当然也不会自己脱下衣服,赤裸裸地走出去。

陆小凤忽然觉得腿在发软,后退了两步,倒在椅子上,胃里已涌出了酸水。

金九龄的脸色也很沉重,迟疑着,终于问道:"你认得出这是薛冰的衣服?"

陆小凤点点头,他跟薛冰分手的时候,薛冰身上还穿着这件衣服。

"她的衣服既然在这里,她的人当然也一定到这里来过!"

"你看见她没有?"陆小凤还抱着希望。

金九龄却摇摇头,道:"我们来的时候,这里已没有人了。"

"你怎么找到这里来的?"

金九龄道:"这地方并不是我们找到的。"

"是蛇王?"

这次金九龄点了点头,道:"他的确是你的好朋友,的确替你尽了力!"

陆小凤没有开口,他正在心里问自己:"我是不是也替他尽了力?"

金九龄道:"自从今天的凌晨时开始,他手下所有的兄弟就开始替你找薛冰!"

他们找人的方法很有效,因为他们的兄弟已深入这城市的每个角落里。尤其是茶楼、酒馆、客栈、小饭铺,甚至卖艇仔粥、烧鹅饭的大排档。这些本就是人最杂、消息最多的地方。

他们先从这些地方开始打听,最近有没有可疑的陌生人。无论什么人都要吃饭睡觉的。客栈里没有,他们又再打听,附近有没有空房子租给陌生人。三千条市井好汉,在同时打听一件事,当然很快就会问出眉目来。

"麦家饼店后面,有栋小房子,三四个月前,租给了一个人。"

再问房东,房东的答复是:"来租房子的是个很漂亮的小后生,出手也很大方,先预付了一年房租,可是自从那次之后,他就从来也没有再出现过,房子也一直都是空着的,好像始终都没有人进去住。"世上绝没有人会特地花钱租一栋房子,却让它一直空着在那里,这其中当然有原因、有秘密。

金九龄道:"今天黄昏时,他们问出了这件事,立刻就派人到这里来探听,那时这屋子里似乎还有女人的呻吟声,来探听的人不敢轻举妄动,回去再找了人来,这里却已没有人了。"

陆小凤道:"这件事你怎么会知道的?"

金九龄笑了笑,道:"以前跟着我的那班兄弟,现在都已升了官,成了名!"他拍了拍身旁一个人的肩,微笑着道,"这位就是羊城的总捕头,鲁少华。"

陆小凤这才注意到他身旁还有个短小精悍,年纪虽不大,头发却已花白的青衣人,穿着虽是普通生意人的打扮,但目光炯炯,鹰鼻如钩,腰上隐隐隆起,衣服里显然还带着软鞭练子枪一类的软兵器,也说不定是锁链镖铐。只要在江湖中混过几天的人,一眼就可看出他一定是六扇门中的高手。

"白头鹰"鲁少华,也的确是东南一带黑道朋友觉得最扎手的名捕。

鲁少华赔着笑道:"我吃的虽然是公门饭,可是对蛇王老大也一直很仰慕,只要过得去,我对他手下的兄弟,总是尽量地给方便……"其实他心里也知道,若想保持这城市地面上的太平,就最好少惹蛇王的兄弟。

"但是今天一清早,蛇王手下的三千兄弟,就全部出动,我既不知道究竟是出了什么大事,也不能闭着眼不管。"所以他也派出了他手下的捕快,四处打听。羊城是岭南第一大埠,龙蛇混杂,四方杂处,能在这种地方做捕快们的总班头,当然是有两下子的。

鲁少华道:"等在下知道这件事和陆少侠有关系后,就立刻设法和老总联络。"

虽然金九龄已不是他的老总,但是他的称呼犹未改。现在陆小凤才知道陆广刚才为什么不愿进来了,有羊城的总捕头在这里,他们当然是要避着些的。

金九龄道:"薛姑娘的衣服还在,可是人已不见,这只有一种解释!"

陆小凤在听。他相信金九龄的判断,他自己的心却已又乱了。

金九龄道:"绑她来的人,知道行踪已被发现,就立刻将她带走,却嫌她身上穿的白衣服太惹眼,所以就替她换了套衣服!"

"这里有衣服可换。"鲁少华打开了屋角的衣柜,柜子里还有六七套衣服,有男人的,也有女人的,有老年人穿的,也有年轻人穿的。

金九龄道:"这地方只有一张床,只有一个人住,但却有六七套各种不同的衣服,这就可以证明一件事。"

陆小凤道:"证明这个人必定精于易容改扮,随时都可能以各种不同的身份出现!"

金九龄道:"但却只有衣服,没有鞋子,这也可以证明一件事!"

陆小凤道:"证明她无论改扮什么人,穿的鞋子却只有一种!"

金九龄道:"红鞋子?"

陆小凤道:"不错,红鞋子,红缎的绣花鞋,就像是新娘子穿的那种!"

金九龄道:"由很多迹象都可以看出,来租房子的那漂亮后生,的确是女人改扮的!"

陆小凤道:"哦?"

金九龄道:"这里到处都积着灰尘,显见已很久没有人来住过,日用生活需要用的东西,这里连一样也没有,但却有面镜子!"女人的确总是比较喜欢照镜子,可是——

陆小凤道:"男人也有喜欢照镜子的,易容改扮时更非照镜子不可!"

金九龄在窗前的桌上,拿起面镜子道:"这上面有个手上汗渍留下来的印子,是新留下来的!"

陆小凤道:"是女人的手印?"

金九龄点点头,道:"但却绝不会是薛冰的,她既然被人囚禁在这里,手脚纵然没有被绑住,也一定被点了穴道。"

床上的被褥凌乱,好像刚有人睡过的样子。

金九龄道:"若是我猜得不错,她刚才很可能一直都是躺在床上的。"

鲁少华道:"蛇王的兄弟,曾经听见屋子里有女人的呻吟声,所以我猜想那位薛姑娘还有可能已受了伤!"金九龄瞪了他一眼,他显然不愿让陆小凤知道这件事,免得陆小凤焦急难受。

陆小凤叹了口气，道："其实他就算不说，我也可以想得到的！"

金九龄立刻道："但屋子里连一点血迹也没有，可见她就算受了伤，伤得也不重！"

这就是安慰的话了，薛冰受的若是内伤，无论伤势多重，也不会有血迹留下来的。但陆小凤却喜欢听这种话，他现在的确需要别人的安慰。

金九龄道："这人临时要将薛冰带走，走得显然很匆忙，所以才会有这些痕迹留下！"

陆小凤道："她是什么时候走的？"

金九龄道："天还没有黑的时候！"

那时陆小凤正在路上，正准备到西园去赴约，那卖糖炒栗子的"老婆婆"，也还没有出现。她很可能是将薛冰带走之后，再到西园去的。她很可能就是租这房子的人。

金九龄道："这房子是在两个月前租下来，正确的日期是五月十一。"

陆小凤动容道："五月十一？"

金九龄道："王府的盗案，是在六月十一发生的，她来租这房子的时候，正恰巧在盗案发生的前一个月。"

陆小凤道："也正是江重威生日的前三天！"

金九龄道："江重威的生日，和这件事又有什么关系？"

陆小凤道："他生日那天，江轻霞曾经特地来为他祝寿。"

金九龄目光闪动，道："也就在那天，她将酒窖的钥匙打了模型。"

陆小凤道："为了避免让别人怀疑她跟这件事有关系，所以她们又等了二十多天才动手！"

金九龄道："在做这种大案之前，当然一定要有很周密的计划，还得先设法了解王府的环境，动手时才能万无一失。"

陆小凤道："她平时当然不能以那大胡子的身份出现，所以到了当天晚上，一定要准备个隐秘的地方，易容改扮。"

金九龄道："这里就正是个很好的地方！"

陆小凤道："就因为这地方是在闹区里，所以反而不会引人疑心！"

金九龄叹道："看来她的确很能抓住别人心里的弱点！"

鲁少华一直在旁边静静地听着，此刻才忍不住问："难道来租这房子的人，就是那绣花大盗？"

陆小凤道："现在我们虽然还不能完全确信，但至少已有六七成把握！"

金九龄忽然道："不止六七成！"

陆小凤道："哦？"

金九龄道："我敢说我们现在至少已有九成以上的把握！"

陆小凤道："你为什么如此确信？"

金九龄道："就因为这样东西！"他从衣袖里拿出了个红缎子的小荷包："这是我刚才从衣柜下找到的，你看看里面是什么？"

荷包里竟赫然是一包崭新的绣花针！

鲁少华从巷口的麦家饼店，买了些刚出炉的月饼。现在距离中秋虽然还有整整一个月，但月饼却已上市了。陆小凤勉强吃了半个。这条街道很静，他们一边走，一边吃——绣花大盗当然绝不会再回到那房子里去的，他们也已没有留在那里的必要。

金九龄道："这些绣花针都是百炼精钢打成的，和普通的不同！"

"上面有没有淬毒？"

"没有。"

金九龄又道:"她留下那些人的活口,为的也许就是要那些人证明她不是女人,是个长着大胡子的、会绣花的男人。"

陆小凤道:"她根本也没有一定要杀他们的必要!"

金九龄道:"你想她有没有可能就是江轻霞?"

"没有,完全没有可能!"陆小凤道,"江轻霞的武功虽不弱,但比起她来,却差得很远!"他接着又道,"江轻霞唯一的任务,只不过是替她到王府里去探查情况,再打几个钥匙模型而已!"

金九龄道:"你认为江轻霞是她的属下?"

陆小凤点点头。

金九龄道:"江轻霞在江湖中也是个名人,而且很骄傲,怎么会甘心受她控制?"

陆小凤道:"因为她样样都比江轻霞强得多,我这一生中,从来也没有见过武功那么高、那么凶狠狡猾的女人!"

金九龄悚然动容:"你已见过她?"

陆小凤苦笑道:"不但已见过她,而且几乎死在她手里!"

金九龄道:"你怎么会见到她的?"

陆小凤道:"我本来是代一个朋友到西园去赴约的!"

金九龄道:"赴约?那是个什么样的约会?"

陆小凤长长叹了口气:"那实在是个要命的约会!"

金九龄道:"你那朋友约的人是谁?"

陆小凤道:"公孙大娘,公孙兰。"

金九龄皱眉道:"我好像从来也没有听见过这名字。"

陆小凤道:"因为她本就不是个有名的人,也从来不愿出名!"

金九龄道:"她是个什么样的人?"

陆小凤道:"不知道。"

金九龄更奇怪:"你已见过她,却连她是个什么样的人都不知道？"

陆小凤道："我见过的是个卖糖炒栗子的老太婆，买了她两斤糖炒栗子，我只要吃了一个下去，你现在就已见不到我了。"

金九龄忽然失声道："熊姥姥的糖炒栗子！"

"熊姥姥的糖炒栗子？"陆小凤不懂这是什么意思！

金九龄道："前两年里，常常会有些人不明不白死在路上，都是被毒死的，尸体旁都散落着一些糖炒栗子。"

鲁少华也知道这件事："出事的时候，都是在月圆之夕。"

陆小凤道："今天正是月圆。"

鲁少华道："我就曾经办过这么几件案子，从来也查不出一点头绪，死的那些人，既不是被仇家所害，也不是谋财害命。"

金九龄道："就因为死的都是些无名之辈，所以这件事并没有在江湖中流传，只有在公门办案的人才知道。"

鲁少华道："两年前，有个新出道的镖师叫张放，就是这么样死的，只不过他临死前还说了两句话。"

"说什么？"

"他第一句说的就是：'熊姥姥的糖炒栗子。'我们再问他，熊姥姥是谁？为什么要害他？他又说了句：'因为她每到了月圆之夜，就喜欢杀人。'"

陆小凤长长吐出口气："原来她不但是女屠户、桃花蜂、五毒娘子，还是熊姥姥！"

金九龄道："你认为绣花大盗也是她？"

陆小凤道："我本来也没有想到，但几件事凑在一起，就差不多可以证明她就是绣花大盗了！"

"哪几件事？"

"我一路追到麦记饼店那条街上，才被她溜了，现在我才知道她为什么要往那边逃。"

"因为她在那条街上住过，对那条街的地势比你熟悉！"

陆小凤道："而且衣柜里那些衣服，也正和她的身材相合，听她的声音，年纪也不大，要扮成个漂亮后生，也绝不会被人看破！"

但最重要的还不是这些。

陆小凤道："她虽然扮成个老太婆，但脚上穿的却还是双红鞋子——鲜红的缎子鞋，上面据说还绣着只猫头鹰。"

金九龄也长长吐出口气："不管怎么样，我们现在总算已知道那绣花大盗是什么人了！"

鲁少华道："只可惜我们还是找不到她，而且根本没有线索去找！"

陆小凤忽然道："有。"

"有线索？"

"非但有，而且还不止一条！"陆小凤接着道，"第一，我们已知道江轻霞是认得她的；第二，她既然在这里有个秘密的巢穴，在别的地方作案时，也一定会同样有的！"

金九龄眼睛亮了："不错，无论什么样的高手作案，都免不了有他自己独特的习惯，而且很难改变。"

陆小凤道："所以我想她在南海一定也有个巢！"

南海就是华玉轩的所在地。

鲁少华眼睛也亮了，道："南海的班头孟伟，也是以前跟着金老总的兄弟，我现在就可叫他开始去找，等你们到了那里去，他说不定已经找到！"

陆小凤道："你现在就可以叫他找？"

鲁少华点点头，道："这些年来我们一直在保持着联络，而且用的是种最快的法子！"

陆小凤道:"什么法子?"

鲁少华道:"飞鸽传书。"

金九龄道:"也许她就是准备将薛冰带到那里去的,我们若是尽快赶去,说不定就可以在那里抓住她!"

鲁少华道:"我会叫孟伟在查访时特别小心,千万不要打草惊蛇!"

金九龄道:"你现在就写这封信!"

鲁少华道:"是。"

他刚加快了脚步,金九龄忽然又道:"还有一件事!"鲁少华就停下,等着吩咐。

金九龄微笑着,看着他,道:"你每个月要收蛇王兄弟他们多少例规银子?"

鲁少华的脸有点红了,却还是不敢不说实话:"八百两,但也是由兄弟们大家分的!"

金九龄沉下了脸,道:"你知不知道蛇王是陆小凤的朋友,知不知道陆小凤的朋友也就是金九龄的朋友。"

鲁少华垂下头,道:"我知道,这份银子从今天起我就不再去收。"

金九龄又笑了:"好,从今天起,这份银子由我补给你!"

鲁少华看着他,目中露出感激之色,躬身一礼,什么话也不再说,转身而去。

陆小凤忽然叹道:"我现在才知道别人为什么都说你是三百年来,六扇门中的第一高手了!"

金九龄微笑道:"为什么?"

陆小凤道:"因为你不但会收买人心,还会出卖朋友!"

金九龄笑得似已有点勉强:"我出卖过谁?"

陆小凤道:"我。"他苦笑着,接着道,"若不是你把我拉下这趟浑水,我现在怎么会有如此多麻烦?怎么会如此头疼?"

金九龄道:"可是现在看来,你已经快把你的头疼送给别人了!"

陆小凤道:"送给谁?"

金九龄微笑着,缓缓道:"绣花大盗,公孙大娘。"

陆小凤也笑了:"我们现在就去送给她?"

金九龄道:"当然现在就去,别的无论什么事,都可以先放到一边再说。"

陆小凤道:"但我却还有一件事放不下。"

金九龄道:"什么事?"

陆小凤道:"朋友。"

金九龄叹了口气,道:"我就知道你一定还要去找蛇王的,却不知他肯不肯交我这个朋友?"

蛇王不肯。因为他已根本没法子再交朋友。死人怎么能交朋友?

04

小楼没有声音,也没有灯光。院子里兄弟们都已派出去,只有四个人在守望,他们本已在奇怪,但却没有一个敢上去看。没有蛇王的吩咐,谁也不敢上楼去,但陆小凤当然是例外。

"昨天晚上他就没有睡,也许现在已睡了。"门是虚掩着的,陆小凤推开门走进去,金九龄给了他个火折子。火折子刚燃起,又熄灭,落下。陆小凤的手已冰冷僵硬,连火折子都拿不住了。

火光一闪间,他已看见蛇王一双凸出眼眶外的眼睛。他竟已被人活活地勒死在软榻上，被一条鲜红的缎带勒死的。公孙大娘短剑上系着的，正是这种缎带。

陆小凤走过去拉起蛇王的手，身子突然开始颤抖。蛇王的手比他的更冷，已完全冰冷僵硬。屋子里一片黑暗。金九龄也没有再燃灯，他知道陆小凤一定不忍再见蛇王的脸。他也找不出什么话来安慰陆小凤。死一般的黑暗，死一般的静寂，一个人只有在这种情况下，才能真正感觉到"死"是件多么真实、多么可怕的事。

也不知过了多久，陆小凤突然道："走，我们现在就走。"

金九龄道："嗯。"

陆小凤道："但我却不会再将头疼送给她了。"

他忽又笑了笑，笑声中充满了一种无法描述的悲痛和愤怒之意。

幸好金九龄没有燃灯，陆小凤现在的表情，他一定也不忍看的。

只听陆小凤一字字道："我要让她的头永远不会再疼。"

金九龄明白他的意思。一个人的头只有在被割下来以后，才永远不会再疼的！

第七章

小楼凤劫

01

陆小凤不愿坐车，但现在却又偏偏坐在车上。人只要活着，就难免要做一些自己本不愿做的事。

"你一定要想法子在车上睡一觉，找到公孙大娘时，才有精神对付她！"

陆小凤也知道金九龄说得有理，可是他现在怎么睡得着？

"小王爷很钦佩花满楼，一定要留他在那里住几天，王府里有他照顾，我也放心得很。"

陆小凤更不会为王府中的事担心，也不必再为蛇王担心。现在他应该担心的只是他自己。无论多坚强的人，若是受到他这种可怕的压力，都可能会发疯的。

车马走得很急，车子在路上颠簸。他拼命想集中自己的思想，他有许多事要集中精神来思索。可是他连心都似已被人割得四分五裂。

破晓时，车马在一个小乡村里的豆腐店门口停下，晨风中充满了热豆浆的香气。

"你就算吃不下东西，也一定要喝点热豆浆。"

陆小凤虽然不愿耽误时间,却也不愿辜负朋友好意。何况赶车的人、拉车的马,也都需要歇歇了。

豆腐店还点着盏昏灯。一个人正蹲在角落里,捧着碗热豆浆,呼噜呼噜地喝着。灯光照在他的头上,他的头也在发光。这人是个和尚。这和尚倒也长得方面大耳,很有福相,可是身上穿的却又脏又破,脚上一双草鞋更已几乎烂通了底。老实和尚!

看见了这个天下最古怪的和尚,陆小凤才露出了笑容:"老实和尚,你最近有没有再去做不老实的事?"

老实和尚看见他,却好像是吃了一惊,连碗里的豆浆都泼了出来。

陆小凤大笑道:"看你的样子,我就知道你昨晚上一定又不老实了,否则看见我怎么会心虚?"

老实和尚苦着脸,道:"不老实的和尚,老实和尚平生只做了那么一次,我佛慈悲,为什么总是要我遇见你?"

陆小凤笑道:"遇见我有什么不好?我至少可以替你付这碗豆浆的账!"

老实和尚道:"和尚喝豆浆用不着付账,和尚会化缘。"他将碗里最后一口豆浆匆匆喝下去,好像就准备开溜了。

陆小凤却拦住了他:"就算你用不着我付账,也不妨跟我聊聊,欧阳情又不会在等你,你为什么急着要走?"

老实和尚苦笑道:"秀才遇着兵,有理讲不清。和尚遇见陆小凤,比秀才遇着兵还糟,聊来聊去,总是和尚倒霉的!"

陆小凤道:"和尚倒什么霉?"

老实和尚道:"和尚若不倒霉,上次怎么会在地上爬?"

陆小凤又忍不住笑了,道:"今天我保证不会让你爬!"

老实和尚叹道:"不爬也许更倒霉,和尚这一辈子只怕遇见两个人,为什么今天偏偏又要我遇见你!"

陆小凤道:"还有一个是谁?"

老实和尚道:"这个人说出来,你也绝不会知道的!"

陆小凤道:"你说说看!"

老实和尚迟疑着,终于道:"这个人是个女人!"

陆小凤笑道:"和尚认得的女人倒真不少!"

老实和尚道:"女人认得和尚的也不少。"

陆小凤道:"这个女人是不是欧阳?"

老实和尚道:"不是欧阳,是公孙!"

"公孙?"陆小凤几乎忍不住要叫了起来,"是不是公孙大娘?"

老实和尚也吃了一惊:"你怎么知道是她?你也认得她?"

陆小凤已叫了起来:"你认得她?你知不知道她在哪里?"

老实和尚道:"你为什么要问?"

陆小凤道:"因为我要找她算账!"

老实和尚看着他,忽然大笑,笑得弯下了腰,忽然从陆小凤身旁溜了出去。这一溜竟已溜出去四五丈,到了四五丈外还在笑。

可是陆小凤这次已决心不让他溜了,身子凌空一翻,已又挡住了他的去路:"你为什么要笑?"

老实和尚道:"和尚觉得好笑的时候,和尚就笑,和尚一向老实。"

陆小凤道:"这件事有什么好笑的?"

老实和尚道:"你为什么一定要打破砂锅问到底?"

陆小凤道:"就算要打破和尚的脑袋,我也要问到底!"

他说得很认真,老实和尚只好叹了口气:"和尚的脑袋不能打破,和尚只有一个脑袋。"

陆小凤道:"那么你说,这件事有什么好笑的?"

老实和尚道:"第一,因为你根本就找不到她;第二,因为就算找到她,也打不过她;第三,因为你就算能打得过她,也没有用。"

陆小凤道:"为什么?"

老实和尚道:"因为你只要看见她,根本就不忍打她了,那时说不定你只希望她能打你几下!"

陆小凤道:"她很美?"

老实和尚道:"武林中有四大美人,你好像都认得的?"

陆小凤道:"我认得!"

老实和尚道:"你觉得她们美不美?"

陆小凤道:"美人当然美。"

老实和尚道:"可是这个公孙大娘,却比她们四个加起来还要美十倍!"

陆小凤道:"你见过她?"

老实和尚叹了口气,苦笑道:"我佛慈悲,千万莫要让和尚再看见她,否则和尚就算有十个脑袋,只怕都要被打得精光。"

陆小凤道:"你知不知道她在什么地方?"

老实和尚道:"不知道。"老实和尚若说不知道,就是不知道,老实和尚从来不说谎。

陆小凤道:"你上次是在什么地方见到她的?"

老实和尚道:"我不能告诉你。"老实和尚若说不能告诉你,就是不能告诉你,你就算打破他脑袋,也没有用的。

陆小凤知道这是没法子的,只有恨恨地瞪着他,忽然笑道:"其实和尚并非只有一个脑袋的!"

老实和尚听不懂。

陆小凤道:"因为和尚还有个小和尚!"他大笑,笑得弯下了腰。老实和尚已气呆了,他明知陆小凤是在故意气他的,还是气呆了,几乎已被气得晕过去。金九龄在旁边看着，也忍不住要笑。

老实和尚忽然叹道："和尚不说谎，还有句老实话要告诉你。"

陆小凤好容易才忍住笑，道："你说。"

老实和尚道："看你们两个，都是一脸的霉气，不出三天，脑袋都要被人打破的！"

02

孟伟虽然也只有一个脑袋，却叫作三头蛇，在九大名捕中，他一向是手段最毒辣、对付犯人最凶的一个。三头蛇当然也有三种面目，看见金九龄，他不但态度恭敬，笑容也很可亲。连陆小凤都很难想象到这么样一个人，会时常在暗室中对人灌凉水，上夹棍。

就因为世上还有他这种人，所以大家都应该知道，一个人活在世上，还是不要犯罪的好。替金九龄赶车来的，也是鲁少华那一班的捕快，车马一入城，就有本地的捕快接应，将他们带到这里来。

这里也是闹市区——大多数人在犯罪时，果然都有种很难改变的习惯。所以世上也很少有破不了的罪案。孟伟在街角上的茶馆里等他们，他们的目标，就是后面的一条巷子里，巷底的一栋小房子。

"来租房的，也是个很英俊的后生小伙子，预付了一年房租。"

"你有没有听见里面有什么动静？"

"没有，据说那房子也好像一直都没有人来住过。"

——也许他们来得比公孙大娘快，她杀了蛇王后，总难免要耽误些时间，何况她还要带着个已受了伤的薛冰。

于是金九龄盼咐："把你手下显眼的兄弟都撤走，莫要被人发觉这里已有警戒！"

孟伟道："我们的行动一直很小心，到这里来的兄弟，都已经改扮。"

金九龄冷笑道："改扮有什么用？别人难道看不出？"

陆小凤也一眼就已看出，茶馆里的伙计、巷子对面一个卖生果的小贩、路边的算命先生和七八个茶客都是他们的人改扮的。在公门中待得久了，一举一动都好像跟普通人不太一样，尤其是脸上的神色和表情，更瞒不过明眼人。

孟伟道："我这就去叫他们走。"

巷口的屋檐下，有个长着一身疥疮，手里捧着个破瓦钵的秃子乞丐。孟伟走过去时，他居然还伸出瓦钵来讨钱，却讨来了一脚。

片刻间，那些改扮的捕快都已散尽了，孟伟回来报告："我只留下了两个人，有什么事时，也好叫他们去跑腿。"

一个就是巷口对面的小贩，那生果摊子显然是一直都摆在那里的，只不过换了个人而已，所以就不致引人注意。还有一个是谁？

金九龄看着那秃子，道："宋洪近来的确已很不错了，你多教教他，将来也是把好手。"

陆小凤忽然明白，这满身疥疮的乞丐，也是他们的人。

现在还不到戌时，七月里白天总是比较长。屋子里还用不着燃灯，斜阳从窗外照进来，照着一屋子灰尘。这地方果然已很久没有人来住过，屋子里的陈设，也跟羊城那边差不多。

柜里有八九套各式各样不同的衣服，桌上有面镜子，旁边有张小床，看不出一点特别的地方，也找不出一点特别的线索。他们竟似白来了一趟。

金九龄背负着双手，四下走来走去，忽然一纵身，蹿上了屋梁，又摇摇头，跳下来。

孟伟却忽然在厨房里欢呼："在这里了！"他奔出来时，手里拿着个木头匣子。

金九龄大喜道:"这是在哪里找到的?"

"在灶里。"那的确是个藏东西的好地方,东西藏在那里,显然有秘密。

金九龄已准备打开来看看,陆小凤却拦住了他:"匣子里说不定有机关!"

金九龄用手拈着匣子,笑道:"这匣子轻得很,若是装上了机簧、暗器,一定会比较重。"

他当然也是个极谨慎的人,否则十年前就已该死了几十次。陆小凤不再说什么,机簧、暗器,一定是金属的,拿在手里的分量当然不同。匣子没有锁,金九龄打开了雕花的木盖,突然间,一股淡红色的轻烟急射而出。金九龄想闭住呼吸已来不及了,他的人倒蹿了出去,"砰"的一声,撞在柜子上,倒下!

匣子里的确没有机簧暗器,却有个用鱼鳔做的气囊,匣盖一开,盖上的尖针刺破气囊,囊中紧缩的毒烟立刻射出,金九龄千算万算,还是没有算到这一招。

他的人倒在地上,看来也正像是个突然被抽空了的气囊,整个人都是软的,脸色更苍白得可怕,头上还在流着血。他刚才情急之下一头撞在柜子上,脑袋竟被撞破了个洞。

——你们两个看来都是一脸的霉气,不出三天,脑袋都要被人打破的。

老实和尚说的果然是老实话。陆小凤已闭住呼吸,一股掌力挥出,驱散了毒烟,想起老实和尚说的话,他心里也觉得有点发冷。孟伟早就蹿了出去,只等毒烟散尽,才捏着鼻子走进来。

这时陆小凤已扶起金九龄,以真力护住了他的心脉,只希望能救回他一条命。

孟伟却拿起了那匣子，他对这匣子竟远比对金九龄关心，但匣子却是空的，什么也没有，他看了很久，忽又欢呼："在这里了！"

秘密并不在匣子里，却在匣盖上。若是仔细去看，就可发现雕花的盖子上，雕的竟是钟鼎文，一段有八个字："留交阿土，彼已将归。"

愈明显的事，别人反而愈不会注意，公孙大娘的确很懂得人们的心理，用这种法子来传递消息，又有谁能想得到？——她这是在通知一个人，将一样东西交给阿土，因为阿土已经快回去了。

消息留给谁的？要留交给阿土的又是什么？阿土是谁？这些问题，还是无法解答。

孟伟皱着眉，沉思着，喃喃道："阿土？难道就是那个阿土？"

陆小凤忍不住问："你知道有个阿土？"

孟伟道："以前在巷口要饭的那癞子，别人就都叫他阿土。"

陆小凤道："现在他的人呢？"

孟伟道："我为了要叫宋洪扮成他，在外面守着，已把他赶走了。"

陆小凤道："快去找他。"

孟伟立刻就走。

陆小凤却又道："等一等。"

孟伟在等。

陆小凤道："他知不知道你是为什么赶他走的？"

孟伟摇摇头："我只说不准他在这里要饭了。"捕头要赶走一个乞丐，根本用不着什么理由。

陆小凤道："你找到他后，就赶快通知我，千万不要让他知道。"

孟伟道："是，我一找到他，就立刻回来。"

陆小凤道："不要回到这里，我现在就要带金九龄去找施经墨，你有了消息，就到他那里去！"

施经墨就是这里最有名的大夫，孟伟当然也知道。

陆小凤道："还有，你赶快叫人去找些灰尘来，撒在我们刚才碰到过的地方，要撒得均匀。"

孟伟道："是。"

陆小凤道："将这匣子也摆到原来的地方去。"

孟伟道："是。"

陆小凤道："宋洪也得赶快离开这里，叫别的人在巷口守候，最好在隔壁院子里也留一个人，一发现有可疑的动静，也立刻去告诉我！"

孟伟道："是。"他站在那里，看着陆小凤，仿佛还有什么话要说，却又忍住。

可是他走到门口时，终于又忍不住回过头，微笑道："陆大侠若是也入了六扇门，我们这些人就只有回去抱孩子了。"

03

陆小凤对自己也很满意，他对这件事的处理确实很恰当，就算金九龄还清醒着，也绝不会比他处理得更好。可惜他并不是神仙，他也有算不到的事，施经墨居然不在。

这位名医的架子一向很大，一向很少出诊去替人看病。但华玉轩的主人却是例外。

华一帆眼睛的伤还没有完全好，而且还得了种怔忡病，嘴里总是喃喃地在念着他那天失窃的名画。为什么有钱的人，愈放不开这些身外之物呢？难道就因为他们放不开，所以才有钱？

现在也已没法子再去联络孟伟了，陆小凤只有在施家外面的客厅里等。奇怪的是，现在他脑筋反而变得特别清醒。他忽然想起了很多事，想起了很多本来从没有去想过的事。

就在这时，孟伟已传来了消息："阿土在家里。"

"要饭的也有家？"

"要饭的也是人，连狗都有窝，何况人？"

可是阿土这个家实在只能算是个窝，是个人家已废弃了的砖窑，在四边打几个洞，就算做窗户。现在天气还很热，窗户上的破木板当然不会钉起来，里面居然还有灯光。

"阿土的人还在？"

"在，他也不知从哪里弄来了一壶酒，正在里面自斟自饮。"

"有没有人来找过他？"

"还没有，可是那边却已有人去过。"

"是个什么样的人？"

"是个年轻小伙子，居然戴着红缨帽，打扮成官差的样子。"

刚说完这句话没多久，已有个戴红缨帽的官差，手里提着个黄布包袱，大摇大摆地从土坡下走了上来，四下张望了几眼，就钻进了阿土的窑洞。他当然没有看见陆小凤和孟伟，他们都隐身在一棵大树上。

孟伟悄声问："要不要现在就进去抓人？"

陆小凤立刻摇头："我们要抓的不是他。"

孟伟立刻明白了："你是想从他身上，找出那个绣花大盗来？"

陆小凤道："嗯。"

孟伟道："匣子上留下的话，是说他要回去，你认为他就是回到公孙大娘那边去？"

陆小凤点点头："那包袱想必就是有人要交给她的，现在她想必已回到自己的窝里！"

连阿土都有窝，何况公孙大娘？孟伟只好沉住气等，等了没多久，那戴着红缨帽的官差，又大摇大摆地走了出来，嘴里哼着小调，走下了山坡。他已交过了差，显得轻松极了。

又过了半晌，屋里的灯光忽然熄灭，阿土走出来，还关上了那扇用破木板钉的门。他背上背着两个破麻袋，那黄布包袱显然就在麻袋里。

陆小凤道："我盯住他，你回去照顾你们的金老总。"

孟伟道："你一个人去，恐怕……"

陆小凤拍了拍他的肩："你放心，我死不了的！"

月还是很圆，月光照满大地，晚风中已带着一点点秋意。这正是行路的好天气。阿土既然没有乘车，也没有骑马，优哉游哉地在前面走着，好像一点也不着急。陆小凤也只好沉住气，在后面慢慢地跟着。幸好这时夜已深，大路上已没有别的行人，两个人就这样一前一后地在路上走着，阿土有时哼哼小调，有时唱唱大戏，走得好像愈来愈慢了。

陆小凤简直恨不得找条鞭子，在后面抽他几鞭子。也不知走了多久，星已渐稀，月已将沉，阿土非但没有加快脚步，反而找了株树，在树下坐着，打开麻袋，拿出了半只烧鹅、一壶酒，居然就在路边吃喝了起来。

陆小凤叹了口气，也只好远远地找了棵树，蹿上去，等着，看着。他忽然发觉自己肚子也饿得要命，这两天他根本就没有好好吃过一顿饭。本来他是不想吃，吃不下，现在他却是根本没得吃了。

阿土正撕了条鹅腿，啃一口，喝一口酒，忽然又叹了口气，喃喃道："一个人喝酒真没意思，现在假如有个人能来陪陪我，那有多好。"

陆小凤也实在想过去吃他一顿,却只有在旁边看着干瞪眼。好容易等到阿土吃完了,在裤子上擦了擦手上的油,再往前走。陆小凤忽然发现那半只鹅,除了一条腿外,几乎连动都没有动,就被他抛在地上。这要饭的居然一点也不知道节省。

他当然并不是个真要饭的,陆小凤却是真饿了,几乎忍不住要从地上捡起这半只鹅来,充充饥。

可是他只有忍住。想起阿土那一身疥疮,他就算真的已快饿死,也只好饿死算了。

走着走着,天居然已快亮了,七月里晚上总是比较短的,忽然间,太阳已升起,路上已渐渐有了去赶早市的行人,阿土竟忽然在路上狂奔起来。一个臭要饭的,无论他要在路上发疯也好,打滚也好,都不会有人注意他的。

但陆小凤又怎么能跟他一样在路上野狗般乱跑?怎奈他偏偏只有跟着跑,就算被人当作疯子,陆小凤也只有认了。阿土跑得还真不慢。

路上没人的时候,他走得比乌龟还慢;路上有人的时候,他反而跑得像只中了箭的兔子。陆小凤忽然发现这个人并不是好对付的,要盯住这么样一个人,并不是件容易事。幸好阿土并没有回头,而且显然已经有点累了,忽然跳上辆运猪糠的骡车,靠在上面,好像准备在上面睡一觉。

赶车的回头瞪了他一眼,居然并没有将他赶下去。陆小凤叹了口气,忽又发现一个要饭的在路上行走,竟有很多别人意想不到的方便。

难怪有人说,要了三年饭,就连皇帝都不想做了。太阳渐渐升起。阿土闭着眼睛,竟似真的已睡着。陆小凤身上却已在冒汗,只觉得又热、又累、又渴,却又偏偏不能停下来。

要想找到公孙大娘,就非紧紧地盯住这个人不可。若是运气好,常常会在路上遇见一些卖冷酒牛肉的小贩。可惜陆小凤的运气并不好,这条路上竟连个卖大饼的都没有。

原来岭南人讲究吃喝,要吃,就得舒舒服服地找个地方,坐下来吃,就算有这种小贩,也很少会有人去光顾的。所以这种路上常见的小贩,在这里根本无法生存。所以陆小凤只有饿着。

道路两旁,本来是一片沃野,到了这里,才从一座青山旁绕过去。阿土忽然跳下车,奔上了山坡。山上林木青葱,总算凉快了些,阿土在车上小睡了一阵,精神更足。

陆小凤也只好打起精神来。他忽又发现这臭要饭的不但腰腿极健,而且身子还似带着轻功。幸好山并不太高,阿土既然往山上走,也许地头已经快到了。公孙大娘的秘穴,本就很可能是在一座山上的。谁知这竟是座荒山,一路上都看不见有房子,山路也很崎岖。

到了山巅,忽然有一股香气随风飘了下来,好像是炖羊肉的香气,上面当然一定有人家,当然就是公孙大娘的家。谁知陆小凤这次又猜错了。

上面还是没有房子,却有一群乞丐在吃肉喝酒,看见阿土走上来,就有人笑道:"算你运气好,我们刚从山下偷了条肥羊,在这里打牙祭,你既然遇上了,也来吃一顿吧!"

阿土大笑走过去,道:"看来我这几天口福真不错,无论走到什么地方,都有好吃的!"

陆小凤却又只有看着干瞪眼。他当然不能混到这群乞丐中去,吃人家偷来的肥羊,他当然也不能让阿土看见他。所以只有躲在一块山石后,饿得连胃都已发疼。

他甚至已开始有点后悔,昨天晚上本该将那半只烧鹅捡起来吃。

阿土居然一下子就跟这些乞丐混熟了,大家有说有笑,又吃又喝，快活得像神仙一样。陆小凤却简直好像在十八层地狱里，他平生也没有受过这种罪。

直到现在，他才真正了解饥饿是件多么可怕的事。

若能趁这机会，闭上一眼歇一歇也好。但这些乞丐里，说不定也有公孙大娘的手下，他们说不定就是等在这里，接应阿土的。

所以陆小凤根本连片刻都不能放松，非得紧紧地盯住他们不可。若是阿土偷偷地将黄布包袱交给了别人，再由那个人送去给公孙大娘，他这些罪，就完全是白受的了。

好容易等到这些人吃喝完了，阿土向他们唱了个肥喏，居然又扬长下山。

他到这山上究竟是干什么的？

陆小凤实在弄不懂："难道他真的已将那布包袱偷偷交给了别人？我为什么没有看见？"

既然没有看见，就只有再盯着阿土。

到了山腰间，阿土忽然停下来，从后面的麻袋里，拿出了个黄布包袱，看了看，又放回去，喃喃地笑着道："幸好东西还没有被那些偷羊贼摸去，否则我脑袋只怕就得搬家了！"

这黄布包袱里究竟是什么东西？为什么如此重要？陆小凤当然看不见，也猜不出。

不管怎么样，东西总算还在阿土手里，而且，这东西既然如此重要，他说不定会当面交给公孙大娘的。陆小凤受的这些罪，看来总算还不冤。

最冤的是，阿土竟又从原路下山了。他当然不会是特地上山去吃顿羊肉的。难道他已发觉后面有人跟踪，故意要让跟踪他的人受点罪？也不会。他并没有很紧张的样子，假如已发现有人跟踪，也绝不会再从原路下来。

陆小凤更相信自己绝不会被人发现,就算他再饿一两天,行动时也绝不会发出任何声音来。

近来已有很多人都认为,他的轻功已可列入天下前五人之内。

"一个人若是负有秘密的重要任务,无论后面有没有人跟踪,行动时都会故意弄些玄虚的。"一定是这原因,陆小凤对自己这解释,也觉得很满意。

下山后,阿土的行动果然就正常得多,又走了半个时辰左右,他就进了城,在城里也兜了两个圈子,走进个菜馆,又从后门走出,忽然转入条巷子,巷子里只有一个门,是一家大户花园的角门。

他居然好像回到自己家里一样,不敲门就扬长而入,而且对园子里的路径也很熟,三转两转,穿过片花林,走过条小桥,来到面临荷塘的一座小楼。楼上亮着灯光。陆小凤才发现,现在竟已又是黄昏后。

04

黄昏后,夕阳已薄。小楼上灯火辉煌,却听不见人声,连个应门的童子都没有。阿土也没有敲门,就登楼而上。楼上一间雅室中,不见人影,却摆着一桌很精致的酒菜。

"看来他口福真不错,果然无论走到哪里,都有好东西吃。"

虽然没有人,桌上却又摆着八副杯筷,阿土坐下来,拿起筷子,夹了块醉鸡,自己又摇摇头,放下来,从后面的麻袋里,取出那黄布包袱,放在桌上,喃喃道:"想不到这次又是我到得最早。"

他显然是在等人,等的是什么人?其中是不是有公孙大娘?

小楼对面,有棵浓荫如盖的大银杏树,正对着楼上的窗户。

陆小凤从树后壁虎般滑了上去,找了个枝叶最浓密之处躲了起来。天色更暗，就算有人到窗口来张望，也绝不会发现他。现在阿土总算已到了地头，总不会再玩什么花样了。

陆小凤刚想喘口气，养养神，突听衣袂带风之声响起，一条人影飞燕般从树梢掠过，"细胸巧翻云"，已掠入了小楼。

"好漂亮的身法，好俊的轻功。"陆小凤立刻又瞪大了眼睛，但却已知道这人并不是公孙大娘。这人的轻功虽高，比起公孙大娘来，却还差些，比起他来，当然也还差些。

只不过这人也是个女人，年纪已近四十，可是徐娘半老，风韵犹存，眉梢眼角的风情，比少女更迷人。她身上穿着件深紫色的紧身衣，手里也提着个黄布包袱。

刚才她凌空翻身时，陆小凤已发现她脚上穿着的，也正是双红鞋子。

现在她已坐下来，向阿土嫣然一笑，道："又是你来得最早。"

阿土叹了口气，道："男人总是吃亏些，总是要等女人的。"

这句话陆小凤倒也深有同感。他发现自己果然没有看错，这阿土果然是个很不好对付的人，而且身份也绝不低。这紫衣女客轻功极高，风度极好，可是长着一身疥疮、在巷口要饭的阿土，却居然可以跟她平起平坐。难道他也是位武林高手？

陆小凤本来认为自己对江湖中的人事已很熟，现在才发觉，武林高手中，他不认得的还是很多，至少这两人他就连见都没见过。风中忽然传来一阵银铃般的笑声，人还未到，笑声已到。

紫衣女客道："老七来了。"

一句话没说完，屋子里已多了一个人，当然也是女人，是个梳着两条乌油油的长辫，明眸皓齿，巧笑嫣然的红衣少女，手里也提着个黄布包袱。

她先向阿土笑了笑，又向紫衣女客笑着道："二娘你们来得早！"

紫衣女客叹了口气，道："年纪大的人总是难免要吃亏些，总是要等小姑娘的。"

红衣少女银铃般笑道："你几时吃过别人的亏？你不占别人的便宜，别人已经谢天谢地了。"

紫衣女客看着她，又叹了口气，道："我真不知道你究竟有什么好笑的，为什么总是一天到晚笑个不停？"

阿土悠然道："因为她自己觉得笑起来很好看，还有两个很好看的酒窝，若是不笑，别人岂非看不见了？"

红衣少女瞪了他一眼，却又笑了，而且一笑就笑个不停。陆小凤现在才知道这紫衣女客叫二娘。二娘？莫非是公孙二娘？公孙二娘既然已来了，公孙大娘想必迟早也总会来的。陆小凤总算觉得开心了些，无论他受了什么罪，总算已有了代价。何况，这红衣少女的笑声，也实在能令人听了觉得愉快。只可惜陆小凤也不认得她。

她还在吃吃地笑着，又道："我跟你打赌，你猜这次又是谁来得最晚？"

二娘道："当然是老三，她洗个脸都要洗半个时辰，就算火烧到她眉毛，她也不会着急的！"

红衣少女拍手笑道："对了，这次一定又是她。"

突听楼梯下有个人道："错了，这次一定不是她。"

说话的声音很温柔、很缓慢，一个人慢慢地从楼下走了上来。她现在走得虽慢，但陆小凤却居然没有看见她是怎么进这小楼的。

红衣少女看见她，仿佛很吃惊，但立刻就又笑道："想不到这次居然出了奇迹，三娘居然没有迟到！"

三娘不但说话的声音温柔，态度也很温柔，笑得更温柔，慢慢走上来，慢慢地坐下，慢慢地将手里一个黄布包袱放在桌上，才轻轻叹了口气,道:"这次我不但没有迟到,而且比你们来得都早。"

红衣少女道:"真的?"

三娘道:"我昨天晚上就来了,就睡在楼下,本想第一个上来等你们的,让你们大吃一惊!"

红衣少女道:"那你为什么还是直等到现在才上来?"

三娘叹道:"因为我有很多事要做!"

红衣少女道:"什么事?"

三娘道:"我又要梳头,又要洗脸,又要穿衣服,又要穿鞋子。"

听到这里,连树上的陆小凤都已忍不住要笑。

红衣少女更已笑得弯了腰,喘着气道:"这些倒真是了不起的大事。"

二娘也忍不住笑道:"我说过,她洗个脸都得洗个半个时辰的。"

阿土忽然道:"我只奇怪一点!"

红衣少女抢着问道:"哪一点?"

阿土道:"她每天除了梳头洗脸、穿衣穿鞋外,哪里还有空去做别的事?"

红衣少女拼命忍住笑,正色道:"这问题倒实在严重得很,将来她若嫁了人,也许连生孩子的空都没有,岂非误了大事?"一句话没说完,她的人几乎已笑得滚到地上去了。

三娘也不生气,还是慢慢地说道:"我知道你一定会有很多空生孩子的,将来你至少会生七八十个孩子。"

红衣少女笑道:"我就算一年生一个,也生不了这么多呀!"

三娘道:"若是一窝一窝地生,岂非就可以生得出了?"

红衣少女道:"只有猪才会一窝一窝地生小猪,我又不是猪……"这句话还没说完,她已发觉这简直等于自己在骂自己。

二娘忍不住扑哧一笑,道:"原来你不是猪呀,真的要赶快声明才行,免得别人弄错了!"

红衣少女噘起了嘴,道:"好呀,现在四姐和六姐都还没有来,所以你们就乘机欺负我!"

三娘道:"她们来了又怎样?"

红衣少女道:"她们至少总会帮着我说话的,你们两个加起来,也说不过她们半个。"

一阵风吹过,窗外已又有三个人燕子般飞了进来,一个人微笑着道:"至少有一点我是绝不会弄错的,我知道她绝不是小猪!"

红衣少女又拍手叫道:"你们听见了没有,我就知道四姐是个好人。"

三娘却还是要问:"她不是小猪是什么?"

四姐道:"她只不过是个小母鸡而已!"

红衣少女又怔住:"我是个小母鸡?"

四姐道:"若不是小母鸡,怎么会一天到晚'咯咯、咯咯'地笑个不停?"

红衣少女笑不出来了。陆小凤也笑不出了——最后来的这三个人中,他居然认得两个。

其中一个当然是江轻霞,他并不意外,可是他做梦也想不到,她们的"四姐"居然就是欧阳情!那位曾经被他气得半死的名妓欧阳情!那位只爱钞票、不爱俏的姐儿欧阳情!

看见欧阳情居然会和江轻霞一起出现,看见她的轻功居然也不在江轻霞之下,陆小凤几乎一跤从树上跌下来。"红鞋子"这组织中,看来倒真是什么样的人都有。欧阳情和江轻霞显然都是这组织的首脑。桌上有八副杯筷,这组织中显然有八位首脑,现在已到了七位。

那紫衣女客是老二,洗脸也得半个时辰的是三娘,四姐是欧阳情，五姐是江轻霞，六姐青衣白袜，满头青丝都已被剃光，竟是位出了家的尼姑，那一天到晚笑个不停的小母鸡是七娘。大娘呢？公孙大娘为什么还没有露面。这个满身癞子的阿土，跟她们又有什么关系？又算是老几？

05

七个人都已坐了下来，面前都摆着个黄布包袱，只有首席上还空着，显然是为公孙大娘留着的。

阿土忽然道："你们姐妹六个，这次带回来的都是些什么？可不可以先拿出来让我看看！"

红衣少女抢着道："当然可以，三姐既然来得早，我们就该先看看她带回来的是什么？"

三娘既不反对，也没有拒绝，只是慢吞吞地伸出手，去解包袱上的结。她的包袱上打了三个结，她解了足足有半盏茶的工夫，才解开第一个结。

二娘叹了口气，苦笑道："你们受得了，我可受不了，还是先看我的吧！"

陆小凤已振起了精神，张大了眼睛。这些神秘的黄布包袱里究竟是什么东西？他早已忍不住想看了。他实在比谁都急。

幸好这位二娘的动作倒不慢，很快地就将包袱打开，包袱里是七八十本大大小小的存折。

二娘道："今年我的收成不好，又休息了三个多月，所以只在各地的钱庄存进了一百八十万两银子，但明年我却有把握可以弄到多一倍。"

她一年之内，就有一百八十多万两银子的进账，还说收成不好。陆小凤在心里叹了口气，他实在想不通这位二娘是干什么的。据他所知，就算黑道上势力最大的几股巨寇，收入也绝没有她一半多。他也想不出这世上还有什么能比做强盗收入更好的生意。

三娘轻叹了口气，道："既然只有一百八十万两，今年我们的开销就得省一点了。"

二娘道："你呢？今年你的收成怎么样？"

三娘笑了笑，道："我的收成还算不错，最近不要鼻子的人好像愈来愈多了！"

不要鼻子的意思，就是不要脸。这句话陆小凤是懂得的，可是，不要脸的人有多少，和她的收成有什么关系？这点陆小凤就不懂了。好在三娘总算已将包袱上的结解开，里面还有层油布。

她再解开这层油布，里面又有层红缎子。红缎子里包着的，赫然竟是七八十个大大小小不同的鼻子！人的鼻子！陆小凤几乎又要一跤从树上跌下来。这个又温柔、又斯文，连走路都生怕踩死只蚂蚁的女人，难道竟能亲手割下七八十个人的鼻子？

三娘柔声道："他们既然不要鼻子，我就索性把他们的鼻子割下来！"

红衣少女拍手笑道："这倒真是好法子！"

三娘道："明年我就不用这法子了！"

红衣少女道："明年你准备用什么法子？"

三娘道："明年我准备割舌头！"

红衣少女道："割舌头？为什么要割舌头？"

三娘又轻轻地叹了口气，慢慢地说道："因为最近我又发现这世上的人，话说得太多！"

红衣少女伸了伸舌头，银铃般笑道："我若不认得你，我也不信你会是个这么心狠手辣的人！"

三娘淡淡道："我不会打死你，我最多也只不过割下你的舌头！"

红衣少女闭上了嘴，伸出来的舌头一下子就缩了回去，好像连看都不肯再让她看了。这位洗脸都要洗半个时辰的女人，无论要割人的鼻子也好，割人的舌头也好，出手都绝不会慢的。

欧阳情忽然问道："这里面最大的一个鼻子，却不知是什么人的？"

三娘道："你想知道？"

欧阳情笑道："我对大鼻子的男人，总是特别有兴趣！"

二娘笑骂道："这丫头在那种地方混了两年，不但心愈来愈黑，脸皮也愈来愈厚了。"

欧阳情吃吃地笑道："二姐果然是过来人，大鼻子的男人有什么好处，她一定知道得很清楚！"

三娘道："只可惜鼻子最大的人，现在已变成了个没有鼻子的人！"

欧阳情道："你说的这个人是谁？"

三娘道："段天成！"

听见这名字，陆小凤又吃了一惊。这名字他听过，这人他也见过，"镇三山"段天成不但鼻子大，气派大，来头也不小。无论谁要割下他的鼻子来，都绝不是件容易事。

红衣少女的嘴已闭上了很久，此刻又忍不住道："今年我们是不是准备和往年一样，大家痛痛快快地大喝一顿，喝醉为止？"

二娘道："这是我们的老规矩，当然不会变的。"

红衣少女道："现在我们的人既然已到齐了，为什么不开始呢？"

陆小凤的心又沉了下去——现在的人已到齐了？——难道公孙大娘今天根本就不会来？

二娘道："谁说人已到齐了？你难道没有看见还有个位子是空着的？"

红衣少女道："还有什么人要来？"

二娘笑了笑，道："据说大姐又替你找了个八妹！"

红衣少女也笑了："现在总算有个比我小的人了，以后你们若再欺负我，我就欺负她！"

阿土忽然道："只可惜她今天已不会来！"

二娘皱眉道："为什么？难道她已不想来？"

阿土道："她想来，却不能来！"

二娘道："有人不许她来？"阿土点点头。

红衣少女又抢着道："她既然已不能来，我们还在等谁？"

阿土道："等一位客人！"

红衣少女眼睛发出了光："今天我们居然还请了位客人来？"

阿土道："嗯。"

红衣少女道："他的酒量怎么样？"

阿土道："据说还不错！"

红衣少女笑道："不管他酒量有多好，今天只要他真的来，我保证他直着进来，横着出去！"

二娘目光闪动，道："看来他不但酒量大，胆子也大，否则听见你这句话，吓也被你吓跑了。"

红衣少女也眨了眨眼睛，道："他的胆子不太大？"

阿土道："他还没有跑。"

红衣少女笑道："既然没跑，为什么不进来？难道这个人喜欢在外面喝风，不喜欢进来喝酒？"

阿土淡淡道："他已喝了一整天的风，现在想必已该喝够了。"

窗外的树上有人叹息着，苦笑道："我实在已喝够了。"

叹息声中,陆小凤已随着一阵风飘了进来。他早已准备进来。

凭这么样七个人,有人躲在她们窗外的树上,她们会一点也不知道?陆小凤忽然发觉自己躲在外面喝风,实在是件很愚蠢的事。他觉得自己简直愈来愈像是个笨蛋。

可是他看来并不像笨蛋。无论什么样的笨蛋,都绝不会长着四条眉毛的。

红衣少女看着他,忽然拍手笑道:"我知道你是谁,你就是那个有四条眉毛的大笨蛋陆小凤!"

第八章

千奇百变

01

喝了一整天风,饿了一整天肚子,已经是件很不好受的事了。唯一更不好受的事,也许就是在已经饿得发晕的时候,还被人叫作大笨蛋。

陆小凤却笑了:"我知道有很多人叫我大笨蛋,但还有很多别的人,却喜欢叫我另一个名字!"

红衣少女忍不住问:"什么名字?"

陆小凤道:"大公鸡。"

红衣少女的脸红了,红得就像是她的衣裳一样。

欧阳情忽然道:"其实他还有一个更好听的名字。"

红衣少女立刻又问道:"什么名字?"

欧阳情道:"陆三蛋。"

红衣少女道:"陆三蛋?这是什么意思?"

欧阳情悠然道:"这意思很简单,因为他不但是个大笨蛋,又是个大混蛋,而且还是个穷光蛋,加起来正好是三蛋。"

红衣少女又笑得弯下了腰,吃吃地笑着道:"这名字真好听极了,我一辈子也没听过这么好的名字!"

二娘也不禁嫣然笑道:"现在你们既然已饿得要命,为什么还不把这三个蛋炒来吃?"

欧阳情道:"因为这三个蛋都已不太新鲜,是臭蛋。"

三娘叹了口气,道:"现在我只担心一件事!"

欧阳情道:"什么事?"

三娘道:"我只怕他不是鸭蛋,是鸡蛋!"

欧阳情点了点头,正色道:"这问题倒真的很严重,他若是鸡蛋,就一定是母鸡生下来的,那么他岂非变成了小母鸡的儿子。"

红衣少女的脸虽更红,却已笑得连腰都直不起来。

陆小凤没有笑,但却已明白了两件事——女人是得罪不得的,尤其是像欧阳情这种女人。

——一个男人若是想跟六个女人斗嘴,就好像是一个秀才要跟六个兵讲理一样,还不如买块豆腐来一头撞死的好。

现在他已做错了一件事,他不想再错第二件。

红衣少女还在笑。她的笑声不但很好听,而且还仿佛有种感染性,无论谁听到她的笑声,都一定会觉得心情愉快,忍不住也想笑一笑。

陆小凤却还是没有笑。他突然冲过去,出手如闪电,反拧红衣少女的臂。

二娘失声而呼:"小心!"

两个字出口,红衣少女反肘后撞陆小凤的肋骨,旁边也已有三件兵刃同时刺向他的左右两胁。

她们的出手都很快,尤其是那青衣白袜的女尼,掌中一口精光四射的短剑,乍一出手,森寒的剑气已逼人眉睫。只可惜陆小凤的出手更快,他的胸腹一缩,一双手还是拧住了红衣少女的臂。三件兵刃同时刺出,又同时停顿,剑锋距离陆小凤的胁下要害已不及半尺。

陆小凤却连动都没有动，甚至连眼睛都没有眨一眨。他知道这一剑绝不会再刺下来的。他的兄弟若是已落到别人手里，他也绝不敢再轻举妄动。

青衣女尼握剑的手上已凸出青筋。要将这一剑硬生生停顿，远比刺出这一剑更吃力。

剑尖犹在颤动，青衣女尼厉声道："放手！"

陆小凤不放手。

红衣少女也已笑不出来了，咬着嘴唇道："我又没有得罪你，你为什么不放手？"

陆小凤不放手，也不开口。

欧阳情的剑也已出袖，冷笑道："这么样一个大男人，却要来欺负个小姑娘，你害不害臊？"

陆小凤不害臊。他的脸既没有发白，也没有发红。

二娘用的一柄亮银弯刀，也是从袖中刺出的，长不及两尺："我们这两口剑、一柄刀，随时都可以把你刺出十七八个透明窟窿来！"

欧阳情立刻接着道："所以你若敢再不放手，我们就要你死在这里。"

陆小凤忽然笑了。

二娘怒道："我们说的话，你难道不信？"

陆小凤微笑道："你们说的每个字，我全都相信，但我却不信你们真敢出手！"

二娘冷笑："哦？"

陆小凤淡淡道："因为你们现在想必都已看出来，我并不是个君子！"

青衣女尼道："你根本不是人！"

陆小凤道："所以无论什么事，我都做得出的！"

二娘变色道："你想对老七怎么样？"

陆小凤道："我很想放了她！"

这句话又大出意料之外，二娘立刻追问："你为什么不放？"

陆小凤道："只要你们答应我两件事，我就放！"

二娘眼珠子转了转，道："只要你放了她，莫说两件事，就算……"

这句话的下半句，应该是："……就算两百件事，我也答应。"可是二娘并没有说完这句话。

一直安安静静坐在那里的三娘，忽然道："就算半件事，我们也不答应。"

她说话的声音，还是那么慢、那么温柔。可是说到最后两个字时，她已出手。她的出手既不慢，也不温柔。她用的是鞭子。一条漆黑发亮，就像是毒蛇般的鞭子。她安安静静地坐着时，已在桌下悄悄将这条鞭子解了下来。她的鞭子抽出来，比毒蛇还快，比毒蛇还毒。

二娘又不禁失声而呼："小心七妹！"

三娘却不管。鞭梢毒蛇般一卷，抽向陆小凤耳后颈下的血管。陆小凤的人已滑出去，带着红衣少女一起滑开了八尺。三娘突然凌空跃起，一鞭子从上面抽下来。她竟似乎已忘了她的七妹还在对方手里，她的出手全无顾忌。陆小凤心里在叹气。他实在想不到，这位文文静静的三娘，竟是这么样个不顾一切的女人。他实在想不到她真的敢出手。

现在她已出手了，他能对红衣少女怎么样？他若杀了这少女，她的姐妹们一定会跟他拼命的，他若放了她，她的姐妹还是一样会要他的命。所以他也只有拼命！除此之外，他好像已没有什么别的选择余地。三娘的鞭子根本就不让他有第二条路走。

二娘突然跺了跺脚，道："好，大家一起上，先废了他再说！"

欧阳情道："七妹呢？"

二娘道:"他若敢伤了七妹一根毫发,我就把他全身的肉一寸寸割下来!"

这两三句话说出来,三娘鞭子已抽出了二十鞭。陆小凤叹了口气。他不喜欢看人流血,尤其不喜欢看女人流血。可是现在他已没法子再闪避下去,这条鞭子实在太快、太狠。他只有反击。

二娘的弯刀也已银虹般刺过来。她的刀法怪异,出手更毒。

只要她一出手,就连江轻霞都绝不会再袖手旁观的,但就在这时,突听"叮"的一响,一个酒杯击上了她的刀,一双筷子也从旁边伸出来,轻轻一夹,竟夹住了那条毒蛇般的鞭梢。

阿土!这双筷子竟在阿土手里。

三娘的脸色铁青,瞪着他,缓缓道:"我不喜欢被人要挟!"

阿土道:"我知道。"

三娘道:"我若落在他手里,你们出手也用不着顾忌我!"

阿土道:"我知道。"

三娘道:"那你为什么不让我出手?"

阿土笑了笑:"因为这人虽不是君子,总算还是个人!"

三娘道:"哦?"

阿土道:"他至少还没有用七妹做挡箭牌,来挡你的鞭子!"

三娘想了想,慢慢地坐了下去,又安安静静地坐在那里,连动都不动了。二娘也坐下来,捧着手腕,她的银刀虽然没有脱手,但手腕却被打得又酸又疼。可是她脸上并没有生气的样子,对这个满身癞子的乞丐,她也很服气。陆小凤的眼睛里已发出了光。

阿土忽然问:"你刚才说,你要我们答应你两件事?"

陆小凤点点头。

阿土道:"你先说第一件!"

陆小凤道:"我本来要你们带我去见公孙大娘的!"

阿土道:"现在呢?"

陆小凤道:"现在已不必了!"

阿土道:"为什么?"

陆小凤看着他,道:"因为我现在已看见了公孙大娘。"

阿土笑了。他笑的样子很古怪,就像是个假人在笑。

陆小凤却不禁叹了口气,道:"其实我早该想到你就是公孙大娘的,我不但已跟了你一天,而且以前也见过你一次!"

阿土笑了笑,道:"其实还不止一次!"

陆小凤很意外:"不止一次?"

阿土道:"那天晚上在西园,我们已不是第一次见面了!"

陆小凤更奇怪,忍不住问道:"我们第一次见面,是在哪里?"

阿土并没有回答这句话,却反问道:"你还记不记得霍休?"

陆小凤当然记得。

阿土道:"那天你从霍休的小楼里出来,在山脚下等花满楼时,有没有看见一个刚摘了一篮子野菜的女人从你前面走过?"

陆小凤失声道:"那个女人也是你?"

阿土点点头。

陆小凤道:"那天你也在那里?"

阿土又笑了笑,道:"我若不在那里,霍休又怎会直到现在还被关在笼子里?"

陆小凤怔住。现在他总算才明白,霍休那石台下的机关,怎么会突然失灵的了。那绝不是因为有只老鼠在无意中闯进去,将机关卡死的。

世上绝不会有那么巧的事,也绝不会突然发生奇迹。奇迹本就都是人造成的!

阿土道:"我知道霍休是条老狐狸,他就算把你卖给杀猪的,我也不管，可是他不该将上官飞燕也一齐卖了。"

上官飞燕当然也是她的人。陆小凤又想起了那双上面绣着飞燕的红鞋子。

阿土淡淡道："他杀了我的姐妹，他就得死，现在他虽然还活着，但我想他一定比死还难受！"

陆小凤忽然又问道："那天雪儿也看见了你？"

阿土微笑道："那孩子实在是个鬼灵精，你们走了后，她就立刻溜到石台下的机关总枢去查看，她知道那下面一定有古怪的！"

陆小凤道："她看见了你？"

阿土道："她没有看见我，却看见了我留在那里的一双红鞋子！"

陆小凤苦笑道："所以她才会认为她的姐姐还没有死！"

阿土叹道："她毕竟还是个孩子，想得实在太天真了，死在霍休手下的人，是绝不会复活的！"

陆小凤道："所以你故意让霍休活着，好留给她？"

阿土道："不错，我要让她自己报复。"

陆小凤道："但我却想不通，你怎么会将霍休的财产也全都留给了她？我看得出你也很需要那笔财富！"

阿土眼睛里露出种很奇特的表情，道："只可惜她能从霍休手里敲出来的已不多了。"

陆小凤道："哦？"

阿土道："那笔财富早已落入了另一个人手里，无论谁都再也休想能从这个人手里要出一两银子来！"

陆小凤皱眉道："这个人是谁？那笔财富怎么会落入他手里的？"

阿土目光凝视着远方，眼睛里竟似带着种说不出的恐惧之色，突然改变话题，冷冷道："你说过你要我们答应你两件事，你已说了一件，现在你还想要什么？"

陆小凤道:"要你跟我走!"

阿土又笑了:"要我跟你走?难道你看上了我?"

陆小凤道:"我的确看上了你!"

阿土笑道:"你看上的是那个卖糖炒栗子的老太婆?还是这癞子乞丐?"

陆小凤道:"我看上的是另一个你!"

阿土目光闪动,道:"你是说——绣花大盗?"

陆小凤点点头。

阿土道:"你认为我就是绣花大盗?"

陆小凤道:"你不承认?"

阿土叹了口气,道:"看来我现在就算想否认,也没有用的!"

事实俱在,证据确凿,她否认当然没有用。

陆小凤也叹了口气,道:"你总算救过我,我并不是个忘恩负义的人!"

阿土淡淡道:"我知道,你只不过是个笨蛋而已!"

陆小凤只好装作听不见。

阿土又道:"现在你是不是想将我送到金九龄那里去归案?"

陆小凤道:"我保证你一定会受到公正合理的审判!"

突听"夺"的一声,二娘的银刀已钉在桌子上。

青衣女尼抚着剑锋,欧阳情面带着冷笑,江轻霞的嘴唇已发白。

红衣少女又大笑:"你要我大姐跟你走?你是不是在做梦?"现在她的笑声听来已没有刚才那么令人愉快了。

等她笑完了,阿土才淡淡道:"他不是在做梦,我很可能会跟着他走的!"

红衣少女怔住,每个人都怔住,甚至连陆小凤都觉得很意外。

阿土慢慢地接着道:"我喜欢有本事的男人,一个真正有本事的男人,无论要我跟他到什么地方去,我都会去。"

又有人笑了。

这次笑的是欧阳情,她第一个明白了阿土的意思:"所以你若要大姐跟你走,就得先让我们看看,你的本事够不够!"

陆小凤也笑了:"我的本事有很多种,却不知你们要看哪几种?"

阿土道:"我只想三种!"

陆小凤道:"三种?"

阿土看着他,瞳孔仿佛在渐渐收缩:"我们三阵定胜负,你只要能胜我两次,我就跟你走!"

陆小凤微笑道:"三阵定胜负?这听来倒好像满有趣的!"

阿土道:"我保证一定有趣极了!"

陆小凤目光闪动,笑道:"我们第一阵比什么?比喝酒?"他知道她当然一定不会跟他比喝酒的。只有愚蠢的女人,才会跟他这种男人比喝酒。

谁知阿土却偏偏说出了一句他做梦也想不到她会说的话:"好,我们比喝酒!"

02

酒摆在桌上的时候,陆小凤才发现自己又做了件多么愚蠢的事。现在他累得就像是条老牛,饿得就像是匹狼。现在他最需要喝的,是一大碗用火腿炖的鸡汤,但他却偏偏要跟人比喝酒。

喝酒也跟做很多别的事一样,是需要体力的。何况,此时此刻,公孙大娘就算醉了也无妨,他却绝不能醉。这地方都是公孙大娘的人,他根本就连一滴酒都不能喝。可是现在桌上却摆着六坛酒。六坛泸州大曲。

现在"阿土"身上的癞子也不见了，头也不秃了，已换了件柔软的袍子，脸上脂粉不施，看来就像是个普通的中年妇人。难道这就是她的真正面目？陆小凤看不出，也猜不出，没有人知道公孙大娘的真正面目是什么样子的。她甚至连声音都随时改变。现在她说话的声音，就像是个殷勤的主妇，在招待她的客人。

她看着陆小凤，微笑着道："这六坛酒给我们两个人喝，不知道够不够？"

陆小凤苦笑道："就算是给两匹马来喝，只怕也够了，只不过菜却好像还不够！"桌上还是只有一碟冷盘。

公孙大娘笑道："菜的确太少，幸好我们不是比吃菜，是比喝酒！"

她当然也知道，空着肚子时喝酒，酒量至少要小一半。现在陆小凤的肚子空得就像乞丐的钱袋。三碗酒下肚，他已觉得不对了，六碗酒下肚，他忽然又觉得自己的酒量还是不错，再喝两碗，他就已忍不住开始要抢着喝，然后，也不知是怎么回事，他忽然发现自己在吐，连肚肠子都快要吐了出来。

"你醉了！"公孙大娘却还是清醒得像管仲一样，"这一阵你输了！"

陆小凤想否认，也已无法否认，只是在喃喃地分辩着："我根本一点酒意也没有，只不过肚子觉得有点不舒服而已！"

"你还不认输？"

"认输就认输，有什么了不起！"

当然没什么了不起。在他眼中看来，天下根本没有一件事是真正严重的，何况，第一阵就算输了，还有两阵可比。但他却忘了一件事。

这一阵输了，后面的两阵也等于输了。

一个喝醉了酒的人，唯一还能跟别人比的事，就是比睡觉。公孙大娘当然也绝不会跟他比睡觉。

"第二阵我们比剑！"公孙大娘悠然道。

陆小凤挺起胸："比剑就比剑，有什么了不起！"

公孙大娘道："好，你稍候，我去换衣服！"

陆小凤道："你又要去换衣服？"

公孙大娘道："嗯！"

陆小凤道："我们究竟是在比剑？还是在比换衣服？"

公孙大娘道："这你就不懂了，喝酒要穿喝酒的衣服，比剑也得穿比剑的衣服！"

陆小凤道："为什么？"

公孙大娘微笑道："因为衣服也可影响一个人的心情，也因为女人天生就喜欢换衣服！"

陆小凤既不饿，也不累了。酒，通常都能带给人一种奇怪的精神和力量。但这种力量却是种骗人的力量——就算骗不到别人，至少总可以骗骗他自己。他忽然想起了江湖传说中的那些"醉侠"。据说那些人是"喝了酒才有本事，喝得愈多愈有本事"。

据说以前有个打虎的武松就是这样子的，"喝一分酒，就有一分本事，喝十分酒，就有十分本事"。陆小凤的酒似已到了十分。他忽然对自己充满了信心，觉得自己的本事也到了十分。现在就算有七八条大老虎一起出来，他也有把握一个个全都打死。只可惜他要对付的不是老虎，是公孙大娘。高手决战，出手的时间、部位和判断，是连半分都错不得的。

陆小凤是不是还能作正确的判断？看来他简直已连这屋子是方是

圆都判断不出了。江轻霞一直没有跟他说过半句话，但现在看着他时，眼睛里却带着种同情和怜悯之色，就好像在看着个快死的人一样。除了三娘，别人的眼色看来也跟她差不多。

陆小凤看着三娘，忽然笑道："我若输了，也把鼻子割下来送你好不好？"

三娘轻轻道："我说过，我已不要鼻子！"

陆小凤道："对了，你现在要的是舌头！"

三娘道："可是我并不想要你的舌头！"

陆小凤道："你想要什么？"

三娘道："要你的头！"

陆小凤大笑："好，我若输了，就把头送给你！"

对他说来，一个人是不是有头，好像也已不是什么太重要的事。现在江轻霞看着他，又好像是在看着一个没有头的人，甚至连那红衣少女眼色中，都已露出些怜悯。无论谁都已看得出，这个长着四条眉毛的醉鬼，这一阵又输定了！

陆小凤居然还在找酒。酒坛子就在桌上，他居然没有看见，因为他的眼睛突然发直，直勾勾地看着一个刚从后面走出来的人。一个女人，一个灿烂如朝霞，高贵如皇后，绰约如仙子般的美丽女人。甚至连她身上穿的衣服，都不是人间所有的，而是天上的七彩霓裳。

陆小凤不认得这个女人，他从来也没有见过如此高贵艳丽的女人。幸好他还认得她手里的剑，一双短剑，锋长一尺七寸，剑柄上系着红绸。难道她就是公孙大娘？就是刚才那个平庸的中年妇人？就是那癞子乞丐？就是那卖糖炒栗子的老太婆？陆小凤在揉眼睛。他几乎已不能相信自己的眼睛。

公孙大娘微笑着，看着他，道："难道你又认不出我了？"

陆小凤叹了口气,道:"我只不过有点想不通而已!"

公孙大娘道:"想不通什么?"

陆小凤道:"我想不通一个像这样美的女人,为什么要扮成老太婆,我若是你,就算拿刀架在我脖子上,我也不肯的!"

公孙大娘道:"你怎么知道这就是我本来的面目?"

陆小凤道:"我不知道,我只不过希望如此而已!"

公孙大娘道:"为什么?"

陆小凤道:"因为我若一定要死在一个人手里,我只希望能死在你这种人手里。"

公孙大娘嫣然道:"你的确是个很会说话的人,连我的心都快要被你说软了。"她盈盈走过来,身上的七彩霓裳无风自动,就像是有千百条彩带飞舞。

陆小凤又叹了口气,道:"下次我比剑时,一定也要做这么样一套衣裳穿!"

公孙大娘道:"哦?"

陆小凤苦笑道:"现在你的剑还没有出手,我的眼睛已经花了!"

公孙大娘道:"我的心已软,你的眼已花,我们正好扯平!"

陆小凤道:"还没有扯平!"

公孙大娘道:"还没有?"

陆小凤道:"你手上有两柄剑,我手上却只有一手汗!"

公孙大娘道:"你的剑呢?"

陆小凤道:"我没有剑!"

公孙大娘道:"你有刀?"

陆小凤道:"也没有。"

公孙大娘叹道:"像你这样的人,出来时身上连一样武器都不带,实在危险得很!"

陆小凤道:"实在危险得很,尤其是今天。"

公孙大娘道:"你想不想借一口剑?"

陆小凤道:"想。"

公孙大娘道:"想问谁借?"

陆小凤转过身,对着那青衣女尼微笑。

公孙大娘又叹了口气,道:"看来这人并不是真醉,他倒还识货得很。"

这柄剑也不长,但精光四射,剑气森严,屈指一弹,龙吟不绝。

陆小凤握剑在手,忍不住脱口而赞:"好剑!"

青衣女尼冷冷道:"只可惜这柄剑,今日竟被一个快死了的醉鬼握在手里!"

陆小凤笑道:"醉鬼的确是醉鬼,快死了却未必!"

现在他们已下了楼,到了院子里,星光从那棵大银杏树的枝叶间漏下来,正照在陆小凤的脸上。他眼睛里的酒意突然全都不见了,看来也清醒得像诸葛亮一样。

二娘失声道:"你没有醉?"

陆小凤并不想否认。

二娘道:"既然没有醉,你为什么要认输?"

陆小凤笑了笑,道:"第一阵我若不认输,第二阵我就输了,第三阵就根本连比都不必比!"

二娘叹了口气,道:"看来这人也并不是真的笨蛋。"

红衣少女咬着嘴唇,恨恨道:"但却是个真的混蛋。"

公孙大娘淡淡道:"你第一阵纵然故意认输,第二阵也未必能赢!"

这句话说出,她的剑已出手。剑光闪动间,她霓裳上的七彩带也开始飞舞不停，整个人就像是变成了一片灿烂辉煌的朝霞，照得人连眼睛都张不开，哪里还能分辨她的人在哪里？她的剑在哪里？

若是连她的人影都分辨不清，又怎么能向她出手？

陆小凤第一次与她交手时，已觉得她的剑法奇诡变幻，甚至比西门吹雪更可怕。现在他才知道，那一次她的剑法根本没有完全发挥威力。

这种剑法的威力，好像本就需要这么样一身七色霓裳来烘托。

古老相传，"剑器"并不是剑，只不过是一种古代的武舞名称，舞者彩衣空手，彩带如飞，直到公孙大娘，才将这种本来只作观赏的舞技，加以变化，变成了真正可以刺敌伤人的武技！

她在圣文神武皇帝驾前做此舞时，也许不用剑的，她生怕剑气惊了御驾。可是她私下却真创立了一种剑法，使得"剑器"真正变成了剑的一种。

这种剑法既然脱胎于舞，当然和别的剑法不同，所以今日的公孙大娘才会特地换上了这么样一身七色霓裳，甚至不惜以真面目见人。因为这种剑法真正的威力，是需要"美"来发挥的，也只有她这么样的绝代佳人，才能将这种剑法发挥到极致！

陆小凤心里在叹息，直到今天，他才知道武功的玄妙奥秘，绝不是任何人所能凭空臆测的！

假如他今天没有亲身体验，也永远不会懂得这种剑法妙处何在，可是他并不想体验得太多。

因为这种剑法的变化实在太奇诡，招式实在太繁复，一发出来，就如水银泻地，无孔不入！只要他露出一点破绽，只要他的眼神稍有疏忽，就很可能立毙于剑下！

他想战胜，只有凭一个字！

快！以快刀斩乱麻，以不变应万变。

公孙大娘乍一出手，他的身子已凭空飞起，飞上了对面的屋脊。

红衣少女大叫："这人想逃了！"

五个字还没有说完，陆小凤的人又已飞出，人与剑似已合而为一。只见剑光如匹练、如飞虹，从屋脊上向公孙大娘直刺了过去。剑光辉煌而迅急，没有变化，甚至连后招都没有。他竟已将全身的劲力都融入了这一剑中。

——没有变化，有时也正是最好的变化。

公孙大娘人如彩霞，剑如流星，但却还是已来不及变化。她的人与剑，似已全都在陆小凤这一剑的剑气笼罩下。

只听"叮"的一声，声如龙吟。剑光一合即分，满天彩霞飞舞，公孙大娘身上的彩带，已被削断了数十条。

没有人动，没有声音。

公孙大娘身形已停顿，动也不动地站在那里，竟不再出手。陆小凤也不再出手，也只是动也不动地站在那里，看着公孙大娘。

二娘忽然大声道："这一阵还未分出胜负，你们为什么已住手？"

陆小凤淡淡道："这一阵若是比杀人，当然还没有分出胜负，若是比剑，就已算我胜了！"

公孙大娘终于长长叹息，道："不错，这一剑之威，实在已胜过了我！"

陆小凤道："多谢。"

公孙大娘道："但我从未想到，你居然能使得出这么样一剑！"

陆小凤道："这一剑本是我刚刚偷学来的！"

公孙大娘道："从哪里偷学来的？"

陆小凤道："白云城主。"

公孙大娘悚然道："叶孤城？"

陆小凤点点头，道："这一剑叫'天外飞仙'，本是白云城主剑法之精华，连木道人都认为这已可算是天下无敌的剑法！"

公孙大娘长叹道："这一剑形成于招未出手之先，神留于招已出手之后，以至刚为至柔，以不变为变，的确已可算是天下无双的剑法！"

陆小凤笑道："白云城主若是能听到大娘这番话，一定愉快得很！"

公孙大娘冷冷道："可是这一剑若是由他使出来，就未必能胜得了我！"

陆小凤忍不住问："为什么？"

公孙大娘道："因为他是天下无双的剑客，他这一剑还未出手，我已必定有了戒备，可是你刚才掠上屋脊时，我却以为你是想逃了，所以我的气势已松懈，所以才没有挡住你那全力击来的一剑！"

陆小凤笑道："也因为我根本连剑都没有，你当然想不到我会使出那一剑！"

公孙大娘叹道："所以柔能克刚，弱能胜强，也正是这道理！"

陆小凤也叹了口气，道："幸好我不是个有名的剑客，否则今日只怕已死在这里！"

公孙大娘沉着脸，道："但今日你还没胜，我们还有第三阵。"

第三阵才是决定胜负的一阵！

陆小凤道："我们第三阵比什么？"

公孙大娘道："轻功。"

陆小凤笑了。

公孙大娘道："轻功本是你的拿手本事，你又是个男人，气力自然比较长，我跟你比轻功，已经吃了亏，所以……"

陆小凤道："所以我也应该让你占些便宜！"

公孙大娘道："你至少得让我先起步！"

陆小凤道："行。"

公孙大娘道:"但只要你能追得上我,就算你胜了,所以你也并不是完全吃亏的。"

陆小凤道:"我本来就很少做真正吃亏的事!"

公孙大娘道:"我令人敲锣为号,锣声完全停止后,你才能追!"

陆小凤道:"锣声只一响?"

公孙大娘道:"就只一响。"

陆小凤笑道:"这么样看来,我的确不能算吃亏!"

公孙大娘道:"只不过我还要……"

陆小凤抢着道:"你当然还得先去换套衣服,喝酒有喝酒的衣服,比剑有比剑的衣服,比轻功当然也得有另一套衣服。"

公孙大娘展颜一笑,嫣然道:"你的确不是个笨蛋,一点也不笨。"

03

夜凉如水,她们姐妹的脸色,也冷得像水一样——像已将结成冰的水。

红衣少女突然冷笑道:"偷机装醉,又偷学别人的剑招,这种男人,我最讨厌了。"

陆小凤微笑道:"我本来就没有要你喜欢!"

红衣少女道:"我只想问问你,你究竟是不是男子汉?"

陆小凤道:"你看呢?"

红衣少女道:"我看不出。"

陆小凤叹道:"我就知道你看不出的,你只不过还是个孩子!"

红衣少女狠狠瞪了他一眼,扭头就走,好像连理都懒得理他了。

欧阳情眼波一转，道："我总不能算是个孩子了吧？"

陆小凤道："你当然不是个孩子，你简直已算是个老太婆。"

欧阳情也狠狠瞪了他一眼，扭头走进了小楼。

陆小凤叹了口气，在石阶上坐下来，喃喃道："一个男人若能活六十年，至少有十年光阴白白浪费了的。"

二娘忍不住问道："怎么浪费了的？"

陆小凤道："这十年中，起码有五年是在等女人换衣服。"

二娘道："还有五年呢？"

陆小凤道："你一定要听？"

二娘道："你不敢说？"

陆小凤又叹了口气，道："你一定要听，我就说，还有五年，是在等女人脱衣服。"

二娘的脸都气红了，青衣女尼的脸却气得发白。

三娘道："我现在已改变了主意！"

陆小凤也忍不住问道："改变了什么主意？"

三娘冷冷道："我现在已经想把你的舌头割下来了！"

这时已有一个满脸胡子的青衣大汉，手里提着面铜锣，从小楼后走了过来，肃立在石阶上。

陆小凤又喃喃道："我的运气总算不错，是在等大娘换衣服，若是等别人，那就惨了！"

三娘瞪眼道："别人是谁？"

陆小凤道："我又没有说你，你着急什么？"

三娘的脸色也气得一阵红、一阵白。

就在这时，突听铜锣"当"的一响，三个人从小楼里蹿出来。

三个装束打扮都一模一样的黑衣妇人，连三张脸都完全一样，一蹿出来，就凌空翻身，分别向三个不同的方向掠了出去，用的轻功身法也一样。锣声余音不绝,三个人都已掠出墙外。

这三个人谁才是真正的公孙大娘——红衣少女和欧阳情刚才故意生气,为的就是要进去扮成另外两个人。

现在陆小凤应该去追谁?无论他去追谁,就算能追上,也必定要错过另外两个。

他错过的两个人中,很可能就有一个是公孙大娘,这简直比押宝还难押得准。陆小凤怔住。

二娘、三娘、青衣女尼嘴角都露出了冷笑——这下子陆小凤毕竟还是上当了。

陆小凤也在叹息着,苦笑道:"看来我毕竟还是上了她的当。"他叹息着站起来,喃喃道:"不管怎么样,先追上一个再说!"

他身子突然蹿出,又突然掠回,闪电般出手,扣住了那敲锣大汉的手腕。

这大汉一惊,"当"的,铜锣落地,嗄声道:"你抓住我干什么?"

陆小凤微笑道:"也不想干什么,只不过想带你去见一个人!"

大汉道:"见谁?"

陆小凤道:"金九龄!"

这大汉瞪着他,瞪了半天,突然大笑,笑声清悦如黄莺:"陆小凤果然不愧是陆小凤,连我都服了!"

原来这敲锣的大汉,才是真正的公孙大娘。

"你怎么看出来的?"谁都想不到陆小凤是怎么看出来的?

陆小凤微笑道:"那位欧阳姑娘生气进去时,我已觉得有点不对了!"

公孙大娘道:"有什么不对?"

陆小凤道:"她本不是那种被我一句话就会气跑的人!"

公孙大娘道:"我们进去的是三个人,出来的也是三个人,你怎么知道那三个人里面没有我?"

陆小凤道:"我不知道。"

公孙大娘道:"你不知道?"

陆小凤道:"我只知道一个长着满脸胡子的大男人,身上不该这么香的!"

公孙大娘叹了口气,苦笑道:"看来我本不该站得离你这么近,一个女人站得离你太近,的确是件很危险的事!"

陆小凤笑道:"尤其是像你这么香的女人!"

公孙大娘吃吃地笑道:"可是我实在没有想到,你这人居然像小狗一样,不但会用眼睛,而且还会用鼻子!"

陆小凤道:"这也是我最近刚跟别人学来的!"

公孙大娘道:"跟花满楼学来的?"

陆小凤道:"对了。"

公孙大娘叹道:"看来别人无论有什么长处,你学得都很快!"

陆小凤道:"我一向很虚心。"

公孙大娘点点头,道:"虚心的人,总是有福的!"

陆小凤道:"所以你们现在才应该虚心一点,听我一句话!"

公孙大娘道:"我们都在听!"

陆小凤道:"现在你已落在我手上,你的姐妹们若想要你平安无事,最好乖乖地留在这里听消息。"他目光慢慢地从二娘、三娘脸上扫过,冷冷地接着道,"若有人还想轻举妄动,就等于是想要你快点死,你死了以后,她才好取而代之,做这地方的老大。"

公孙大娘笑了笑,道:"你放心,这里不会有人想我死的!"

三娘铁青着脸,忽然跺了跺脚,道:"你难道真的就这样跟着他走?"

公孙大娘淡淡道:"你总该知道,我并不是个言而无信的人。"她又叹了口气,接着道,"何况,我现在就算不想跟他走,也不行了,这个人只要抓住了一个女人,就好像死也不肯松手的。"

陆小凤悠然道:"尤其是像你这么香、这么漂亮的女人。"

公孙大娘道:"现在我只希望你小心一件事!"

陆小凤道:"什么事?"

公孙大娘道:"小心你的手,不要被人砍断!"

第九章

田路

01

孟伟睡觉一向很警醒。一个被江湖好汉称作"三头蛇"的人,睡觉必须警醒,否则他就算有三十个头,也早已被砍了下来。可是他今天晚上醒来时,已有一个人站在他床头,用一双发亮的眼睛看着他,夜色还很深,屋子里没有燃灯,他看不清这个人的脸。

他只觉得掌心已沁出冷汗。这个人没有动,他也不动,鼻子里故意发出鼾声,突然出手,想去抽枕下的刀。可是这个人的动作更快,他的手一动,这个人已按住了他的肩。他从未遇到这么样一双坚强有力的手,这双手若是扼住他咽喉,一眨眼间他的呼吸就会停顿。

事实上,现在他呼吸就已几乎停顿,嗄声道:"你要什么?"

这人回答得很简单:"要钱。"

孟伟立刻问:"要多少?"

"十万两!"这人的胃口不小,"你若拿不出十万两,我就要你的命!"

孟伟毫不迟疑:"我拿得出。"

这人道:"我现在就要!"

孟伟道:"我现在就给!"

这人忽然笑了："想不到孟班头竟是个这么样大方的人。"他笑的时候，声音也已改变。这声音很熟。

孟伟失声道："你是陆小凤？"

这人点点头："我是陆小凤。"

孟伟长长吐出口气，忍不住埋怨："这玩笑实在有趣，却几乎吓掉了我半条命！"

陆小凤笑声中带着歉意："我本来也不想开玩笑的，可是今天我的心情特别好！"

孟伟的眼睛立刻亮了，抢着问道："你已抓住了绣花大盗？"

陆小凤并不否认，却反问道："你们的金老总呢？"

孟伟道："他已回了羊城！"

陆小凤道："他中的毒不妨事了？"

孟伟道："多亏你及时把他送到施大夫那里去，施经墨真不愧是个名医。"

陆小凤道："我身边带着要犯，行动必须小心，所以只有晚上来找你，我不能让她的手下知道我的行踪！"

孟伟道："我明白。"他心里在暗暗庆幸，没有让小红留在这里过夜。他从不留女人在这里过夜，他从不相信任何女人。这是种好习惯，他决定要继续保持——陆小凤若是发觉有小红那样的名妓睡在他床上，若是被金老总知道，总不是件好事。

陆小凤沉吟着，又道："你现在能不能用飞鸽传书通知羊城的人，叫你们的金老总明天晚上子时，在蛇王以前住的那小楼上等我？"

孟伟道："当然能。"他立刻跳起来，套起鞋子，"我后面的院子里，就有信鸽。"

陆小凤道："你这里也有笔墨？"

孟伟道："有。"

陆小凤道:"你为什么不先写好书信再出去?"

孟伟点点头,用火折子燃起了灯,磨墨,写信:"陆爷已得手,请金老总明夜子时,在蛇王老窝等候。"对一个从小在六扇门里混饭吃的人来说,他的字写得已算不错,文笔也还算通顺。

陆小凤微笑着,在旁边看着,忽然道:"你为什么不用小篆写?也免得书信万一落入别人手里,走漏消息!"

孟伟笑道:"我是老粗,连大篆都转不出来,何况小篆?可是你尽管放心,这种信鸽都是金老总以前亲手训练出来的,路上绝不会出错。"

陆小凤道:"他能不能及时收到这封信?"

孟伟道:"一定能。"他将信笺卷起,塞入了一个制作很精巧的小竹筒,竹筒上还烙着火印。

陆小凤道:"你现在就去放信鸽?"

孟伟道:"我这就去。"他披上衣服,匆匆走了出去,过了半响,屋脊上就响起一阵信鸽扑翅的声音。

陆小凤一直在屋里等着,等他回来了,才抱拳告辞:"我现在也立刻赶到羊城去!"

孟伟迟疑着,终于忍不住问道:"我刚才出去看过,外面好像没有人?"

陆小凤道:"是没有人。"

孟伟勉强笑道:"那个公孙大娘呢?"

陆小凤笑了笑,道:"你若是押解她的人,你会不会带着她满街走?"

孟伟摇摇头,道:"你是用什么法子押解她的?"

陆小凤淡淡笑道:"法不能传六耳,等我把她押到地头后,有机会再告诉你!"

孟伟也笑了，道："陆爷真是个小心谨慎的人，我早就说过，陆爷若是也改行吃我们这行饭，一定是六扇门里的第一把好手！"

陆小凤却叹道："只可惜我自己知道我随便怎么样，也比不上你们那位金老总！"

孟伟道："但公孙大娘却是陆爷你抓到的！"

陆小凤苦笑："他叫我去替他拼命，自己却躺在床上享福，就凭这一点，他已比我厉害多了！"

02

小楼上的陈设还是原来的样子，只不过躺椅上的人换了一个而已。金九龄正躺在那里，闭目养神。他的脸色看来很不错，心情也很好，晚上那顿丰富而精致的酒菜，还留在他胃里，明园麦大师傅的手艺，总是能令他十分满意。何况，现在巨盗已将归案，从今以后，他又可以好好地享几年福了。他觉得自己的运气实在不错，居然能请到陆小凤这样的好帮手。

陆小凤虽然还没有来，他却一点也不担心，他相信陆小凤绝不会出错。桌上摆着一杯波斯来的葡萄酒，他端起夜光杯，慢慢地啜了一口，享受着美酒的滋味。他实在是个很懂得享受、也很会享受的人。这种人世上并不多。陆小凤有时虽然也很会享受，只可惜却是天生的劳碌命，总喜欢多管闲事。

金九龄已决定，这件案子结束后，他绝不伸手再管六扇门里的事。

就在这时，他听到屋脊上轻轻一响，响声并不大，就像是有狸猫蹿上了屋脊。他脸上立刻露出了微笑。他知道这一定是陆小凤来了，而且身上一定背着很重的东西，陆小凤行动时，本不会发出任何声音来。

金九龄刚放下酒杯，已听见陆小凤在窗外叹息着道："我提着这么重的箱子，辛辛苦苦地赶了一夜路，你却舒舒服服地坐在这里喝酒，看来你这人真是天生的好命！"

窗子已开了，是金九龄从里面打开的。陆小凤的人还没有进来，就已先送了个很大的藤箱进来。

金九龄微笑道："我也并不是天生的好命，我的运气好，只不过因为我有陆小凤这种朋友。"

这句话说完，陆小凤已到了他面前，板着脸道："你的运气实在比我好，你交对了朋友，我却交错了。"

金九龄笑道："这趟差事的确不容易，我就知道你火气一定会很大的，所以早就替你准备了一樽波斯葡萄酒，压压你的火气！"金樽已在桌上，酒已斟在杯中，金九龄双手奉上，又笑道，"这是我自己刚用冰镇过的，保证清凉解火。"

陆小凤也不禁笑了，摇摇头道："看来你伺候人倒真有一手，我若是个女人，也非被你迷死不可。"他举杯一饮而尽，提起藤箱放在桌上，"你猜箱子里是什么？"

金九龄目光闪动，道："是个会绣花的人？"

陆小凤道："不但会绣花，还会绣瞎子！"

金九龄眼睛发出了光，挑起大拇指，道："陆小凤果然不愧是陆小凤，果然了不起。"

陆小凤苦笑道："就为了喜欢听这句话，我这一辈子也不知上了多少当，奇怪的是，现在我偏偏还是喜欢听这句话！"

金九龄大笑："千穿万穿，马屁不穿，拍人的马屁，总不会错的！"他大笑着，想去开箱子。

陆小凤却拦住了他："等一等。"

金九龄奇怪："还等什么？"

陆小凤眨了眨眼，道："你知不知道那绣花大盗究竟是谁？"

金九龄道："岂非就是公孙大娘？"

陆小凤点点头，又问道："你知不知道公孙大娘是个什么样的人？"

金九龄道："不知道！"

陆小凤道："你猜呢？"

金九龄迟疑着："是个老太婆？"

陆小凤道："再猜。"

金九龄道："就算不是老太婆，年纪也不会太小，因为年轻女人，做事绝不会有她那么老辣！"

陆小凤道："哦？"

金九龄道："我想她长得也不会太漂亮，漂亮的女人，是绝不情愿扮成个老太婆的！"

陆小凤叹了口气，道："别人都说你平时料事如神，这一次却是料事如猪。"

金九龄道："我猜错了？"

陆小凤道："错得厉害！"

金九龄道："她究竟是个什么样的人？"

陆小凤道："是个可以将男人活活迷死的女人，尤其是你这种男人！"

金九龄苦笑道："我是哪种男人？"

陆小凤道："你是个色鬼，所以我只希望你看到她后，莫要被她迷住！"

金九龄笑了："色鬼也有很多种的，我至少还不是那种没见过女人的小色鬼。"他打开箱子，只看了一眼，已怔住。箱子里的女人实在太美，美得就像是一朵春睡中的海棠。她的年纪虽然已不能算很年轻，可是她的美丽却已够令人忘记她的年纪。

金九龄长长叹了口气，道："看来你这趟差事并不能算太苦！"

陆小凤冷笑，忽然问道："花满楼呢？"

金九龄道："走了！"

陆小凤皱眉道："他为什么不等我？"

金九龄道："他急着要赶到紫金山去！"

陆小凤道："去干什么？"

金九龄叹了口气，道："白云城主已约好了西门吹雪，下个月初一在紫金山决斗！"

陆小凤脸色变了。

金九龄道："知道这消息的人已有不少，这地方已有很多人赶到紫金山去，据我所知，还有人在他们身上下了很大的赌注，以三博一，赌叶孤城胜！"

陆小凤道："今天是几号？"

金九龄道："二十四！"

陆小凤跳起来："我现在就赶去，也许还来得及！"

金九龄道："可是公孙大娘……"

陆小凤道："现在我已交了差，她从头到脚都已是你的人了。"

金九龄苦笑道："你这是在引诱我。"

陆小凤道："我只希望你是个禁得住引诱的人！"

金九龄道："你放心。"

陆小凤道："我不放心。"

金九龄笑道："这女人是条毒蛇，我的胆子并不太大，至少我还得提防她咬我一口！"

陆小凤道："就因为她现在已不能咬人，所以我才不放心！"

金九龄道:"毒蛇也有不咬人的时候?"

陆小凤道:"我已逼着她吃了一大瓶她自己的独门迷药'七日醉',就算她能醒过来,至少还有两三天不能动。"

金九龄在听着,"七日醉"这种迷药,他好像也听过。

陆小凤道:"所以这两三天内,你随便对她怎么样,她都没法子反抗,可是你若真的对她怎么样了,你就惨了,我也惨了!"

金九龄笑道:"你若不放心我,为什么不留下来?"

陆小凤叹道:"因为我更不放心西门吹雪。"他似已准备穿窗而出,又停下来,道,"我还有件事要你替我做!"

金九龄道:"请吩咐。"

陆小凤道:"替我问出薛冰的下落来,我不会逼人的口供,你会!"

金九龄承认:"就算她是个石头人,我也有法子要她开口的!"他忽然又道,"外面有匹马,是我骑来的!"江湖中人都知道金九龄是当世伯乐,最善相马,他骑的一定是好马。

陆小凤大喜道:"你肯让我骑走?"

金九龄点点头,微笑着道:"只不过,我也有点不放心!"

陆小凤道:"有什么不放心?"

金九龄道:"那是匹母马。"

03

陆小凤已走了,带着那樽波斯葡萄酒一起走的。下面传来蹄声马嘶,片刻间就已去远。那的确是匹快马。金九龄推开窗,往下面看了看,院子里有个人向他点了点头——陆小凤在马上。马蹄声已听不见了。金九龄才闭起窗户,走到桌前,将箱子里的女人衣袖卷起。

春藕般的玉臂上,有一块铜钱般大的紫红胎记,形状就像是一朵云一样。

金九龄仔细看了两眼,嘴角露出得意的微笑,喃喃道:"果然是公孙大娘!"

他怎么知道公孙大娘臂上有这么样一块胎记的?女人的这种秘密,本该只有跟她最亲近的人才会知道。金九龄关起箱子,提起来,匆匆走下了楼。前门外已准备了一顶绿绒小轿,他提着藤箱,坐上小轿。抬轿的大汉正是羊城最得力的两名捕快,不等他吩咐,放腿急行。

金九龄坐在轿子里,脸上露出满意之色,现在他的计划已完成了十分之九。

轿子专走小巷,转过七八条巷子后,才上了正路,巷口停着辆黑漆马车。

金九龄提着箱子下轿上车。车马急行,赶车的挥鞭打马,控制自如,竟是羊城名捕鲁少华。

街上已看不见行人,每走过一条街口,两旁屋脊上都有人挥手示意:"附近没有可疑的夜行人,马车后也没有人跟踪。"

车马又转过七八条街后,连在屋脊上守望的人都没有了。他们要去的地方只有他们两个人知道。

西城角有条斜街,短而窄。这条街一共只有七家店铺,店门全都很古老破旧,其中有三家卖的是古董字画,却大半是赝品,还有两家是糊裱店、一家很小的刻印庄、一家油伞铺。

这本就是条很冷落的街道,只有那些又穷又酸的老学究,才会光顾这些店铺。车马却在这条街停下来。金九龄一下车,鲁少华就又立刻赶着车走了。一个半聋半瞎的老头子,已打开了那家糊裱店的小门。金九龄提着藤箱，闪身而入。

店铺里挂着些还没有裱好的低劣字画，金九龄掀起一张伪冒唐伯虎的赝品山水，将墙上一块砖头轻轻一掀，竟立刻现出了一道暗门。门后面是条很窄的密道，走过这条密道，再打开一道暗门，眼前豁然开朗，竟是个花木扶疏的小院子。

院子虽不大，但一花一草，都经过刻意经营，看来别具匠心。花木深处，有三五间精舍，已有两个明眸善睐的垂髫小环，在阶前巧笑相迎。

04

公孙大娘终于醒了。她醒来时，发现自己已到了一间极精致的女子闺房，躺在一张极华美的床上。屋子里弥漫着一种比兰花更清雅的幽香，却不知香是从哪里来的。她静静地躺着，没有动。因为她根本不能动。小窗上日影偏斜，还未到黄昏，窗外有莺声啾啭，却听不见人声。

公孙大娘忍不住呼唤："这里有没有人？"

没有人，没有响应。她呼唤的声音也不大，因为她根本还没有力气。

公孙大娘咬着牙，恨恨道："陆小凤你死到哪里了……总有一天，我会要你死在我手上的！"

她只有躺在那里，等着，然后她的脸涨红——她急着要方便。可是她用尽力气，也不能动，再叫也没有人来。直到她实在没法子控制的时候，她只有方便在床上了。这实在是件要命的事。床已湿了，她却还是只有动也不动地躺在那里。她已气得忍不住要哭。

"陆小凤，总有一天，我要叫你想死都死不了。"突然间，帐顶上一样东西掉下来，掉在她身上，竟是条蛇。公孙大娘平生最怕的就是蛇。她的脸已吓得发绿，却还是不能动，只有眼睁睁地看着这条蛇在她身上爬。她想叫，却已吓得连声音都发不出。

眼见着这条蛇已快爬到她脸上，突然间人影一闪，一个人出现在床头，轻轻伸手一夹，夹着了这条蛇，摔出窗外。公孙大娘总算松了口气，脸上已全是冷汗。

这人却正在微笑着，看着她，柔声道："大娘你受惊了。"他虽是中年人，看来却还很潇洒，身上穿的衣服，无论谁都看得出是第一流的质料和手工。他脸上的微笑却比衣衫更能打动女人的心。

公孙大娘瞪着他："你……你就是这里的主人？"

金九龄点点头。

公孙大娘道："你这屋子里怎么会有蛇？"

金九龄道："蛇是我特地捉来的！"

公孙大娘变色道："为什么？"

金九龄道："因为我一定要试试，大娘你是不是真的不能动！"

公孙大娘恨恨道："你们不但给我吃了迷药，还点了我的穴道，这还不够？"

金九龄微笑道："我一向是个很小心的人，尤其对大娘你，更得特别小心。"

公孙大娘终于明白："你就是金九龄？"

金九龄道："想不到你直到现在才认出我！"

公孙大娘咬着牙，恨恨道："那个姓陆的王八蛋死到什么地方去了？"

金九龄悠然笑道："现在他已交了差，他已将大娘你从头到脚，全都交给了我！"

公孙大娘道："这是什么地方？你为什么将人带到这里来？"

金九龄道："这地方虽不好，至少总比牢房里舒服些。"他叹了口气，又道，"我知道大娘你一定没有到牢房去过，那地方简直就像猪窝一样，到处都是蚊子和臭虫，像大娘你这么样娇嫩的人，到了那里，不出半天就会被咬得全身发肿，你若是要叫，立刻就会挨一顿鞭子，若是运气不好，遇着凶恶的牢头，说不定还会淋你一身臭尿。"

公孙大娘的脸又已发绿。

金九龄看着她，淡淡道："你总不会真的想要我把你送到那种地方去吧？"

公孙大娘突然冷笑，道："其实你心里想要什么，我也知道！"

金九龄道："哦？"

公孙大娘道："你只不过想要一张我亲笔写的口供！"

金九龄微笑道："公孙大娘果然是聪明的人……"

公孙大娘道："你要我承认我就是绣花大盗，承认那些案子全是我做的！"

金九龄道："不错，只要你肯写这么样一张口供，我绝不会亏待你，否则……"

公孙大娘道："否则怎么样？"

金九龄冷冷道："这附近的蛇多得很，我随时都可以抓个百把条回来的！"

公孙大娘咬着牙，道："你怎么知道我最怕蛇？"

金九龄道："我知道的事一向很多！"

公孙大娘突又冷笑，道："其实我知道的事也不少！"

金九龄道："你知道什么？"

公孙大娘盯着他，一字字道："我至少知道真正的绣花大盗是谁！"

金九龄道："是谁？"

公孙大娘道:"是你!真正的绣花大盗,就是你!"

金九龄静静地站在床边,那动人的微笑已看不见了,脸上连一点表情都没有。

公孙大娘冷笑道:"其实从一开始,我就已经在怀疑,那绣花大盗就是你!"

金九龄道:"哦?"

公孙大娘道:"我也知道从一开始,你就想要我替你背黑锅!"

金九龄道:"就算我真是那绣花大盗,为什么要选上你来替我背黑锅?"

公孙大娘道:"因为我本就是个行踪很神秘的人,谁也不知道我的底细,你无论说我做了什么事,别人都很容易就会相信!"

金九龄道:"就只因为这一点?"

公孙大娘道:"这当然不是最主要的缘故!"

金九龄道:"还有什么别的缘故?"

公孙大娘道:"最主要的是,我的姐妹中,本就有一个是你的同谋,你想要我替你背黑锅,替你死,我若死了,她就正好将我的地位取而代之,你们用的本就是一石二鸟之计。"

金九龄脸色变了变,但瞬即就恢复自然,淡淡道:"难道你已知道她是谁?"

公孙大娘道:"到现在为止,我还不能完全确定,但迟早总有一天,我会查出来的!"

金九龄冷冷道:"只可惜那一天也许永远都不会来了!"

公孙大娘道:"你知道这些案子发生之后,别人一定会找到你的,因为你是六扇门中的第一名捕,别人永远也不会怀疑到你。"

金九龄道:"我的声名一向很好。"

公孙大娘道:"你去找陆小凤,因为你认为只有他一个人能对付我！"

金九龄道："他的确是个很聪明的人，这点只怕连你也不能不承认的！"

公孙大娘冷笑道："我只承认他是个猪。"

金九龄悠然道："他若是个猪，你怎么会落入他手里的？"

公孙大娘咬着嘴唇，道："他也许是条比较聪明的猪，但猪毕竟是猪。"

金九龄笑了。

公孙大娘道："就因为他是条猪，所以一开始就被你诱入了歧途！"

金九龄道："哦？"

公孙大娘道："你故意将绣着黑牡丹的红缎子交给他，你知道他一定会拿去找薛老太婆看的！"

金九龄微笑道："我也知道薛老太婆一定看得出那是女人绣的花！"

公孙大娘道："所以他一开始就错了，他居然认为绣花大盗真的是个女人改扮的！"

金九龄道："就因为他相信薛夫人的老眼不花，绝对不会看错！"

公孙大娘道："然后你再故意要司空摘星去偷他那块红缎子，送到江轻霞那里去，因为你知道江轻霞是我的姐妹！"

金九龄道："说下去。"

公孙大娘道："从那时候开始，陆小凤就已认定这件事必定是红鞋子姐妹做的！"

金九龄道："你莫忘了司空摘星本是陆小凤的朋友，他怎么会听我的话去骗陆小凤？"

公孙大娘道："因为他是神偷，你是神捕，神偷也难免有失手的时候,他一定曾经落到你手里,你知道这个人迟早一定会有利用的价值,所以就故意施恩于他,将他放过了!"

金九龄叹了口气,道:"这件事本没有人知道,你想必是猜出来的?"

公孙大娘并没有否认,又道:"可是就凭这一点,陆小凤还不会怀疑到我身上。"

金九龄道:"不错。"

公孙大娘道:"你知道他到了羊城,一定会去找蛇王。"

金九龄道:"蛇王难道也是我的同谋?"

公孙大娘道:"他当然不是你的同谋,只不过他也像司空摘星一样,受过你的恩,所以才甘心被你利用。"

金九龄道:"这次你猜错了!"

公孙大娘道:"哦?"

金九龄道:"他甘心被我利用,只不过因为他别无选择!"

公孙大娘道:"为什么?"

金九龄淡淡道:"羊城的捕快,都是我的徒子徒孙,我又成为王府的总管,他若敢不听我的话,我随时都可以将他那班兄弟连根铲出去!"

公孙大娘道:"你知道我七月十五那天,一定会到西园去,所以就要他将陆小凤诱到西园去?"

金九龄道:"你的行踪,别人虽不知道,我却了如指掌。"

公孙大娘道:"因为我的姐妹中,有个人一直在跟你暗通消息!"

金九龄居然已不再否认:"我假造了一封信,故意要蛇王给陆小凤看见,因为我知道陆小凤一向不愿欠人的情,一定会替蛇王去赴约的!"

公孙大娘道:"从那时候开始,陆小凤才怀疑到我。"

金九龄道："你本不该请他吃那种糖炒栗子的！"

公孙大娘冷冷道："那天我因为有事才会到西园去，我做事的时候，一向不愿别人挡我的路。"

金九龄道："但他却偏偏要你去替他找红鞋子！"

公孙大娘道："所以他那天没有死，实在是他的运气。"

金九龄微笑道："也是我的运气。"

公孙大娘道："但那时他还不能确定，所以你又和蛇王串通，掳走了薛冰！"

金九龄道："别人都说她是条母老虎，在我看来，她却只不过是条小猫而已！"

公孙大娘道："然后你故意让陆小凤发现那两间陋巷中的小屋，让他认为那是我的落脚之地！"

金九龄淡淡道："我布置那两间屋子，倒的确费了些苦心！"

公孙大娘道："阿土当然也是你早已安排在那里的人！"

金九龄道："因为我知道陆小凤一定找不到你！"

公孙大娘道："但你却早已知道我们的聚会之地！"

金九龄道："所以我又制造出那个传信的木匣，让阿土带陆小凤到你们那里去！"

公孙大娘道："你自己为什么要故意假装中毒呢？"

金九龄笑了笑，道："因为我自己并不想到你们那里去！"

公孙大娘道："只要你自己不去，陆小凤那一去无论是否能得手，跟你都没有关系！"

金九龄微笑道："我一向是个很谨慎的人，没有把握的事，我是一向不肯做的！"

公孙大娘道："你对这件事完全有把握？"

金九龄道："我也知道你是个很了不起的人，我的行动，很可能会被你看破，我甚至知道你已杀了阿土，再扮成阿土的样子，陆小凤能找到你，本就是你自己带去的！"

公孙大娘很意外："你知道？"

金九龄淡淡笑道："我当然知道，可是我并没有将这种事放在心上！"

公孙大娘道："哦？"

金九龄道："因为我也知道我的计划已完全成熟，所有的证据，都指明你就是绣花大盗，你就是已知道我的计划，却连一点证据都没有。"他又笑了笑，道，"再加上薛冰失踪，蛇王被刺，陆小凤已恨你入骨，所以你无论说什么，他都不会相信，也绝不会放过你的。何况，我是个久负盛名的神捕，又是他的朋友，你却是个行踪诡秘，来历不明的女魔头！"

公孙大娘忍不住叹了口气，道："你算得的确很准，我以前的确连一点证据都没有，就算说出你是绣花大盗，也绝不会有人相信！"

金九龄道："现在你说出来，还是一样不会有人相信的！"

公孙大娘冷冷道："莫忘记现在你已自己承认了！"

金九龄大笑，道："不错，现在我的确已承认了，但就算我已承认了又怎么样？"

公孙大娘冷笑道："你以为你说的话，除了我之外，就不会有人听见？"

金九龄道："我说过，没有把握的事，我是绝不做的！"

公孙大娘道："你看准了绝不会有人找到这里来，看准我已不能动，所以才肯承认？"

金九龄道："我并不想让你死了还得做糊涂鬼！"

公孙大娘道："你不怕陆小凤突然闯进来？"

金九龄道："他虽然是条猪，跑得却很快。"他微笑着，从怀里取出个上面烙着火印的竹筒，"这是我刚才接到的，从南海来的飞鸽传书，陆小凤已过了南海，现在已直奔秣陵去了。"

公孙大娘又不禁叹了口气，道："看来你考虑得的确很周到！"

金九龄道："多谢。"

公孙大娘道："但你却永远休想能从我手里拿到一个字的口供！"

金九龄淡淡道："这点我也早就考虑到了，这口供，并不是非要你自己写不可的！"

公孙大娘脸色变了。

金九龄道："像这种口供，我随时都可以叫人写几千张，随便叫谁写都行，你的字迹，反正从来也没有人看见过。"

公孙大娘道："所以现在你就可以杀了我，因为我想拒捕脱逃，所以你只有杀了我！"

金九龄笑道："这次你总算说对了！"

公孙大娘咬着牙，道："我死了之后，这件事就死无对证，你就可以永远逍遥法外！"

金九龄道："从我十九岁的时候开始，我就觉得那些被人抓住的强盗都是笨猪，我久已想做一件天衣无缝的罪案出来。"

公孙大娘道："现在你的心愿总算已达到了！"

金九龄道："还差最后一步。"

公孙大娘道："我还没有死。"

金九龄叹道："我本来还想让你多活两天的，你的确是个少见的美人，只可惜我现在已发觉，还是早点杀了你的好！"

公孙大娘瞪着他，忽然大笑。

金九龄道："你觉得死是件很好笑的事？"

公孙大娘笑道："死并不可笑，可笑的是你！"

金九龄道："哦？"

公孙大娘道:"你若是回头去看看,就会知道你自己是不是很可笑了!"

金九龄忍不住回过头,全身忽然冰冷。他一回过头,就看见了陆小凤。

陆小凤正对着他微笑,道:"我是陆小凤,不是陆小猪。"

第十章

破案

01

站在门口的这个人,竟真的是陆小凤,既不是陆三蛋,也不是陆小猪。

陆小凤怎么会忽然出现在这里的?金九龄简直不能相信。这简直是件不可思议的事。

金九龄竟不由自主说了句很笨的话:"你本该已在八百里之外的!"

陆小凤道:"好像是的!"

金九龄看着手里的竹筒,道:"我刚才还接到从南海来的飞鸽传书!"

陆小凤道:"我知道。"

金九龄道:"你知道?"

陆小凤道:"那鸽子的确是你训练出来,交给孟伟的,竹筒上的火印和纸也都不假,可是这次放鸽子的人却不是孟伟!"金九龄不懂。

陆小凤道:"这封信上写的是不是'陆某已过此地,西行而去'?"

金九龄道:"你……你怎么会知道?"

陆小凤笑了笑，道："我当然知道，这封信本是我写的！"

金九龄更吃惊："你写的？你几时写的？"

陆小凤道："前天晚上。"他微笑着解释，"前天晚上，我特地要孟伟传书给你，约你在蛇王的老窝相见，你总该知道！"

金九龄点点头。

陆小凤道："那天晚上他写信时，我已看到了他的字迹，那种字并不难学！他去放鸽子的时候，我就乘机拿了他一个竹筒、一张信纸，等他再上床后，我又去摸了他一只鸽子。"

金九龄的脸色已发青。

陆小凤道："那天晚上，我就将鸽子交给了一个住在南海的朋友，请他在今天午后放出来。"

他又微笑着解释："因为我算准了你一见到我，就会想法子把我支开的，你才好有机会将公孙大娘杀了灭口。"

金九龄忍不住道："你也算准了我会叫孟伟在那边等着报告你的行踪？"

陆小凤道："南海是我的必经之路，孟伟是那里的地头蛇，你又是个很谨慎的人，若非我已走远，你怎么会放心下手？"

金九龄道："可是这地方……"

陆小凤打断了他的话，道："这地方的确很秘密，本来我的确很难找得到。"

金九龄道："是谁带你来的？"

陆小凤道："是那只鸽子。"

金九龄又怔住。

陆小凤道："竹筒迎风，就会发出哨声，从今天午后，我就在城楼上等着，我知道那只鸽子一定能找得到你，凑巧我的轻功也不错！"

金九龄的脸色已由青变绿，看看公孙大娘，又看看陆小凤："难道你们也是早已串通好的？"

陆小凤道："你想不到？"

金九龄道："难道你早已在怀疑我？"

陆小凤道："直到蛇王死的那一天，我才真正开始怀疑你！"

金九龄道："为什么？"

陆小凤道："你还记不记得，我们发现他死了时，他那小楼上并没有燃灯？"

金九龄点点头，却还是不明白这一点有什么重要！

陆小凤道："屋子里没有燃灯，就证明蛇王是在天黑之前死的，证明他还没有准备燃灯时，就已遭了别人的毒手！"

金九龄的脸突然僵硬。他永远想不到这一点迹象，竟是破案的重要关键。

陆小凤道："公孙大娘若真已约好蛇王在西园相见，为什么又要在他赴约之前，赶去杀了他？所以那时我就已想到，杀死蛇王的凶手，必定是另外一个人！"

金九龄道："你已想到是我？"

陆小凤道："我还没有把握，我只不过想到，蛇王很可能是在替你做事！"

金九龄道："为什么？"

陆小凤道："因为只有你才能要挟蛇王，因为他替我去找那张王府地形图时，得来太容易，那张图也太详细，就凭一个市井的好汉，绝不可能有这么大的神通，除非他已和王府的总管有了勾结！"

金九龄的嘴唇已发白，额上已沁出了冷汗。

陆小凤道："你用那种缎带勒死蛇王，本是准备嫁祸给公孙大娘的，却不知那反而变成了给她脱罪的证据。"

金九龄又忍不住问："为什么？"

陆小凤道："因为她与我交手时，剑上的缎带已被我削断了，那种缎带却不是随时可以找得到的，那时候她根本也没有机会去找！"

金九龄说不出话来了。

陆小凤叹道："只要有一点漏洞，已足以造成堤防的崩溃，何况你的漏洞还不止一点！"

金九龄第三次问："为什么？"

陆小凤道："你布置那两间屋子，本是很高的一招，但你却忘了一点！"

"哪一点？"

陆小凤道："每个人身上都有种独特的气味，那些衣裳若真是公孙大娘穿过的，就难免会有她留下来的气味。"

公孙大娘嫣然道："有很多人都说我是很香的女人。"

陆小凤道："你总是不肯让花满楼参与这件事，也许就正是因为怕他发现这秘密，却不知我也早已学会了他的本事！"他微笑着又道，"现在我看一件事时，已不但会用眼睛看，还会用鼻子闻！"

公孙大娘又笑道："所以也有很多人说他像是条猎狗。"

陆小凤道："你故意制造出那个传讯的木匣，故意中毒，好让我一个人去，这实在也是高招，只可惜你又疏忽了一点。"

现在金九龄只有听着。

陆小凤道："孟伟根本是个老粗，连小篆都不懂，又怎么会认得匣子上的钟鼎文字？何况，你中毒之后，他居然一点也不关心，岂非也是很反常的事？"

公孙大娘道："而且他太有钱了，居然随时都能拿得出上万两的银子来！"

陆小凤道："我算过他的薪俸，就算不吃不喝，一文钱也不花，也得存五六十年，才能存得到十万两银子！"

公孙大娘微笑道："想不到这个人的算盘，居然也打得很精。"

陆小凤道："可是一直到那时，我还是没有把握能确定，因为薛夫人若说那红缎上的牡丹是女人绣的，绣花的就一定是女人，所以……"

金九龄终于又忍不住开口："所以怎么样？"

陆小凤道："所以我又拿出那块红缎子，仔细看了很久。我足足看了一个时辰，才看出你的秘密！"

金九龄道："你看出了什么？"

陆小凤道："我看出那牡丹有一瓣的针眼比别的花瓣粗，想必绣的是两层线，拆了一层，还有一层！"他微笑着又道，"别人看你在绣花时，其实你却是在拆线，所以那牡丹虽然是女人绣的，那绣花大盗却不是女人。"

金九龄道："还有呢？"

陆小凤道："还有一点，你不该掳走薛冰的！"

金九龄第四次问："为什么？"

陆小凤道："因为后来我已知道，薛冰已做了公孙大娘的八妹，就算公孙大娘真的是绣花大盗，也不必对她的八妹下毒手！"

公孙大娘道："你怎么知道她就是我八妹的？这连我都不懂了！"

陆小凤道："因为那只手！"

公孙大娘道："什么手？"

陆小凤道："孙中的手！"他又解释道，"薛冰砍断了孙中的手，那只手却又回到薛冰的屋子里，那只手当然不会是自己爬回去的，除了红鞋子姐妹外，砍断别人的手之后，也绝不会再去将断手要回来！"

公孙大娘道："你看到了三娘包袱里的鼻子，才想到那只手的？"

陆小凤点点头，道："她加入你们并不久，本已忘了你们每个人每年都要带些东西回去交差的，等她想起来，才去要回那只断手，可惜她走得太匆忙，偏偏又忘记将手带走。"他叹了口气，又道，"我问她手是怎么会到她屋子里去，她也装糊涂，因为她不愿让我知道她跟你们有关系！"

公孙大娘道："可是你早已猜到了！"

陆小凤道："直到我听你说'八妹已不会来'的时候，我才想到，你的八妹一定就是她！"

金九龄突然冷笑，道："这理由并不好！"

陆小凤道："这些理由的确都不太好，可是对我说来，却已足够！"

金九龄道："真的已足够？"

陆小凤道："理由虽已足够，证据却还不够。"

金九龄道："你根本连一点证据都没有。"

陆小凤道："所以我一定要你自己承认，所以我才想出这个置之死地而后生的法子！"

金九龄道："什么叫置之死地而后生？"

陆小凤道："我知道你一定要等到你的计划已完全成功，公孙大娘已死定了的时候，你才可能在她面前说实话，所以我就只好先将她置之死地，让你认为她已等于是个死人了！"

公孙大娘苦笑道："这法子虽然有效，却苦了我，像这样的罪，我一辈子也没有受过。"

陆小凤道："最重要的是，我们绝不能先让你知道一点风声，绝不能让你怀疑我们已有默契！"

公孙大娘道："但我的姐妹中，却有一个是你的人。"

陆小凤道："所以我们还特地在她们面前，演了出戏！"

公孙大娘道："直到现在为止，她们还不知道我是自己愿意跟你来的，并不是真的败给了你！"

陆小凤笑了。

公孙大娘瞪眼道："你用不着笑，总有一天，我还要跟你再比过，还是三阵定胜负，看看究竟是你强，还是我强？"

陆小凤道："当然是你强，我只不过是个笨蛋。"

公孙大娘道："你的确很笨，连我都一直觉得你很笨，可是你有一样好处！"

陆小凤道："我也有好处？"

公孙大娘嫣然道："你当然有，你有时会莫名其妙地忽然变得聪明起来！"

陆小凤叹道："我自己的确有点莫名其妙！"

公孙大娘笑道："不是你自己莫名其妙，是让别人莫名其妙！"她用眼角瞟着金九龄，又道，"譬如说这个人，他现在就一定有点莫名其妙，不知道你究竟是怎么会忽然聪明起来的！"

陆小凤又笑了。

金九龄却不禁长长叹息，道："我的确一直都低估了你！"

陆小凤道："也许我……"

金九龄打断了他的话，道："我一直将你当作好朋友，当作好人，想不到你竟会和绣花大盗勾结，来陷害我。"

陆小凤不笑了，吃惊地看着他，就好像从没有见过这个人一样。

金九龄板着脸，冷冷道："只可惜你们随便怎么样陷害我，都没有用的，我从十三岁入公门，到如今已近三十年，从来也没有做过一件枉法的事，无论你们怎么说，都绝不会有人相信！"

陆小凤道："可是你自己刚才明明已承认了！"

金九龄冷笑道："我承认了什么？"

陆小凤好像也已说不出话来。直到现在，他还是没有一点证据。

金九龄当然已看准了这一点，又道："我难道会承认我自己是绣花大盗，天下会有这么笨的人？这种话你们说出来，岂非要让人笑掉大牙！"他冷冷地接着道，"何况，现在羊城和南海的两班捕快，都已知道公孙大娘就是绣花大盗，你们现在就算杀了我，官府中也一样会画影图形，通缉天下，你们迟早还是跑不了的！"

陆小凤叹了口气，苦笑道："看来这一战又是你胜了。"

金九龄正色道："天网恢恢，疏而不漏，邪必不能胜正，公道必定常存，所以你们不如还是乖乖地随我去归案的好。"

陆小凤叹道："邪不胜正，正义常存，想不到你居然也明白这道理。"

金九龄道："我当然明白。"

陆小凤道："你既然明白，就该知道你无论玩什么花样，都没有用的！"

金九龄道："我根本……"

陆小凤打断了他的话，道："你以为你刚才说的那番话，除了我们之外，就没有别人听见？"

金九龄脸色变了变，立刻恢复镇定："我并不是聋子，这附近若还有别人，休想能瞒得过我！"

陆小凤道："我知道你的耳目很灵，刚才只不过是一时疏忽，得意忘形，所以才没有发现我，现在若还有别人在这附近三五丈内，的确瞒不过你！"

金九龄冷笑。

陆小凤道："你也知道若是有人在三五丈外，就根本听不见你说的话。"他不让金九龄开口，又道，"只可惜这些人是和平常人不同的！"

金九龄道："哦？"

陆小凤道："这些人的耳朵比你还灵，你虽然听不见他们，他们却听得见你。"他眼睛里发着光，一字字接着道，"因为他们全都是瞎子，瞎子的耳朵，总是特别灵的！"

金九龄脸色又变了。

陆小凤大笑，道："现在你们已经可以出来了！"

笑声中，只听屋瓦上响声不绝，三个青衣妇人，带着三个瞎了眼的男人掠下屋脊，走了进来。

这三个青衣妇人乍看面貌几乎完全一样，仔细一看，就可以看出她们都是经过易容改扮的，正是陆小凤与公孙大娘赌最后一阵时，从小楼里分别蹿出去的那三个人。她们带来的三个瞎了眼的男人，一个紫红面膛，脸上带着三条刀疤；一个颧骨高耸，神情肃然；另一个却是锦衣华服，满面病容的老人。看见了这三个人，金九龄的全身都已冰冷僵硬。他当然认得这三个人。这三个人的眼睛，就是被他刺瞎的，正是常漫天、江重威和华玉轩的主人华一帆。

江重威脸色铁青，恨道："我与你相交数十年，想不到你竟是个人面兽心的畜生！"

常漫天道："天网恢恢，疏而不漏，你若是真的明白这道理，为什么要做这种事？"

华一帆气得全身发抖，想说话，却说不出。

金九龄看着他们，一步步往后退，找到张椅子坐下，似已再也站不起来。

公孙大娘道："你一定想不到他们三位是怎么会忽然来的！"

金九龄的确连做梦都想不到。

公孙大娘道："我的姐妹，最没有嫌疑的，就是老四和老七，所以我早就关照了她们，和我的贴身丫环兰儿，叫她们分别去请江总管、常镖头和华老先生尽快赶到这里！"

陆小凤道："我们早已算准，他们三位最迟今天都可以赶到这里，所以我也约好了他们今天正午前后，在城楼上相见！"

一个青衣妇人吃吃地笑道："陆小凤去追那鸽子，我就追陆小凤，等我知道这地方后，就把他们全都带来了。"她的笑声清悦而令人愉快，正是那个爱笑的红衣少女。

另一个青衣妇人道："但我们也知道你的耳目很灵，所以都不敢走得太近，你在说什么，我的确没有听见，幸好他们三位每个字都听得很清楚！"她的声音甜而柔，正是公孙大娘的四妹欧阳情。

金九龄没有动，也没有开口。到了现在，他才真正已无话可说。

"邪不胜正，正义常存。"这句话他也许直到现在才真正明白。红衣少女和欧阳情已走过去，双双扶起了公孙大娘，两人忽然同时皱了皱眉，又皱了皱鼻子。

公孙大娘的脸居然也红了，悄悄地在她们耳畔说了两句话。两个人都笑，红衣少女又忍不住笑得弯下腰，笑得连气都喘不过来。她们的确有权笑，也有理由笑了。只有问心无愧的人，才能笑得出，才能笑得如此愉快。笑不出来的人是金九龄。

常漫天恨恨道："我知道你不但会绣花，还会绣瞎子，两针绣一个瞎子，可是现在你还能绣得出什么来？"

江重威道："你现在就算还能绣出双翅膀来，也休想再飞出法网。"

红衣少女笑道："他现在唯一应该绣的，就是口特别大的棺材，好让孟伟和鲁少华陪他一起躺进去。"

陆小凤道："我还得再提醒你一件事，你最好也不必再等他们带着你的徒子徒孙来救你！"

金九龄不动，也不开口。

陆小凤道："现在孟伟还在南海等着向你报告我的行踪，鲁少华却已病了，病得很重。"

红衣少女笑道："据说他忽然得了种怪病，他那双老是喜欢伸出来问人要钱的手,已不见了!"

金九龄终于长长叹息,道:"棋差一着,满盘皆输,想不到我金九龄竟有今日!"

江重威也不禁叹息一声,道:"其实我早算到你会有这一天的,你太喜欢花钱,太喜欢享受!"

欧阳情道:"别人都认为你在女人身上不必花钱,只有我知道,像我们这种女人,眼睛里一向是只认得钱,不认得人的,就算你是潘安再世,宋玉复生,也一样要有钱才能进得了门。"

陆小凤也忍不住笑了。他知道她说的是老实话。

欧阳情瞪了他一眼,忽又嫣然道:"但是你却可以例外,这世上也只有你一个可以例外!"

陆小凤道:"哦?"

欧阳情沉下了脸,冷冷道:"因为你根本不是人,只不过是个长着四条眉毛的混蛋!"

陆小凤叹了口气,像她这种女人,的确是不能得罪的。你只要得罪她一次,她一辈子都记得你。

公孙大娘忽然道:"现在我只有最后一件事要问你了!"

金九龄道:"问我?"

公孙大娘点点头,道:"你最好赶快告诉我,薛冰在哪里?"

金九龄忽又笑了笑,却闭上了嘴。

公孙大娘怒道:"你难道还想用她来要挟我们?你难道还不知道我的手段?"

金九龄不理她,却看着陆小凤,缓缓道:"白云城主剑法无双,但他却对你赞不绝口,说你是他平生仅见的武林奇才。"

陆小凤在听着,知道他一定还有下文。

金九龄道:"公孙大娘千变万化,剑器第一,却还是败在你手里！"

公孙大娘冷笑道："你少拍他的马屁，拍穿了也没有用的！"

金九龄还是不理她，看着陆小凤道："我师兄苦瓜一向目中无人，但对你也另眼相看，因为他总认为你两指一夹，是前无古人、后无来者的绝技。"

陆小凤轻轻叹了口气。苦瓜大师如果知道自己唯一的师弟如此下场，心里一定会难受得很。

金九龄道："霍休、霍天青、阎铁珊，他们都是当世的顶尖高手，但却已都败在你手下，由此可见，你纵然不是天下第一高手，也差不多了。"他又叹了口气，接着道，"而我却只不过是六扇门里的一个鹰爪孙而已，像我这种人，在那些武林高人眼里，根本不值一文！"

陆小凤道："你究竟想说什么？"

金九龄淡淡道："我只不过想和你这位傲视天下的武林高手，赌一赌输赢，比一比高下！"

公孙大娘冷笑道："你现在已是瓮中之鳖，还有什么资格和人赌输赢，比高下！"

金九龄连看都不看她一眼，道："我若输了，不但心甘情愿地束手就缚，随你去归案，而且还立刻将薛冰的下落说出来！"

陆小凤眼睛里发出了光，显然已被他打动。

金九龄道："但你若输了呢？"

陆小凤道："你说！"

金九龄道："你若输了，我也并不想要你放了我！"

公孙大娘厉声道："就算他要放，我也不答应！"

金九龄好像根本听不见她说的话，道："你若万一败在我手里，我只要你答应我一件事。"

陆小凤道："你说！"

金九龄道："我只想要你为我保全一点名誉，莫要将这件事泄露出去，我想，你看在我师兄面上，也该答应的！"

陆小凤没有说话，慢慢地走到窗口，推开窗子。窗外夕阳满天，已近黄昏。

常漫天忽然道："你千万不能答应他，他这人狡猾如狐，其中必定还另有诡计！"

江重威道："他武功之高也远在我意料之外。"

常漫天道："我从小闯荡江湖，与人交手数百战，负伤数十次，武功虽不高，经验却有的，但却连我都看不出这人武功深浅，我甚至连他一招都挡不住。"

华一帆忽然也叹了口气，道："此人的武功，实在深不可测，昔年我也曾和木道人、古松居士这些前辈高人切磋过功夫，但以我所见，就算他们二位的功夫，也比不上他！"

他们的话，陆小凤好像连一句都没有听见。满天夕阳中，正有一行秋雁飞过。

陆小凤喃喃道："明明还是盛夏，转眼已近仲秋，时间过得好快，好快……"

金九龄也叹息着道："光阴如流水，一去不回头，想到我们初见之日，到如今转眼已近十年了，人生又有几个十年？"

陆小凤道："公孙大娘体力仍未复，因为我们生怕被你看出破绽，所以她的确是被迷倒过！"

金九龄道："我也看得出那并不假！"

陆小凤道："现在她十成功夫中，最多只剩下五成，加上她的四妹和七妹，与我连手，你纵有天大的本事，你也必死无疑！"

金九龄道："我知道！"

陆小凤道："但我若答应与你交手，若是败在你手里，纵然不死，也必负伤！"他叹息着，又道，"何况，你也知道我的脾气，我若真的和你立约赌技，若是败了，就绝不会厚颜再向你出手！"

金九龄道："我一向知道你，你虽不是君子，却是条男子汉！"

陆小凤道："所以我若败了，他们就未必能拦得住你，今日你若走了，很可能就从此杳如黄鹤，逍遥法外！"

欧阳情道："你既然已明白他的意思，又何必再跟他说废话，难道你真是个混蛋？"

陆小凤忽然笑了笑，道："我说的并不是废话！"

欧阳情冷笑道："不是废话是什么？"

陆小凤道："我只不过告诉他，这一战我既然不许败只许胜，我答应他就一定有胜他的把握！"

欧阳情悚然道："你已准备答应他？"

陆小凤淡淡道："我若不想答应他，说的这些就是废话了！"

金九龄霍然长身而起，道："好！陆小凤果然不愧是陆小凤！"

陆小凤叹道："这句话我总算又听到一次！"

金九龄道："你准备在哪里动手？"

陆小凤道："就在这里！"

金九龄道："就在这屋子里？"

陆小凤道："一动不如一静，我不想给机会让你溜！"

金九龄大笑，道："好！好极了！"他精神突然振奋，就似已变成了另一个人。

陆小凤道："你用什么兵器？"

金九龄笑道："当然是用一种你两根手指捏不住的兵器！"

陆小凤道："你已有准备？"

金九龄道："我心里总是有种预感，好像已知道迟早总有和你交手的一天！"屋角有个衣橱，他走过去，打开，衣橱里竟有一根枪、一柄刀、两口剑、一双钩、一对戟、一条鞭、一把宣花斧、一条练子枪，还有一柄似鞭非鞭，似锤非锤的大铁锥。这衣橱竟无异是个具体而微的兵器库。

陆小凤叹了口气，道："看来你果然随时随地都有准备！"

金九龄微笑道："我是个很谨慎的人，没把握的事，我是从来不做的！"

陆小凤道："没把握的架你也不打？"

金九龄淡淡道："我平生与人交手，还从未败过一次。"这不是假话。

他凝视着陆小凤，道："但我也知道，你平生与人交手，也从未败过一次！"

陆小凤笑了笑，道："无论什么事，都有第一次的！"

金九龄道："说得好！"他一伸手，选了件兵器，他选的竟是那柄重达七十斤以上的大铁锥！

公孙大娘已悚然动容，沉声道："你们全退出去，在外面守住门窗！"

"你们"包括了她的姐妹，也包括了常漫天、江重威和华一帆。她知道这种大铁锥的威力，这屋子虽不小，却也并不大，这种兵器一施展开，这屋子里无论是人是物，都很可能被打成粉碎！

陆小凤也暗暗心惊。这人用的本是轻如鸿毛的绣花针，此刻却变成了重达百斤的大铁锥。难道他的武功真的已达到化境，已能举重若轻，随心所欲？

金九龄已在问："你用什么兵器？"

陆小凤沉吟着，忽然发现衣橱的角落里，赫然也有一包绣花针。他就选了一根绣花针！

金九龄大笑，道："好，我用大铁锥，你用绣花针，若有外人在这里看见，不认为你是绣花大盗，那才是怪事。"

陆小凤淡淡道："我虽不是绣花大盗，却也会绣花！"

金九龄目光闪动，道："你会不会绣瞎子？"

陆小凤道："不会。"他的眼睛已变得亮如刀锋，一字字接着道，"但我却会绣死人！"

02

公孙大娘并没有出去。她静静地站在屋角，脸上虽没有表情，心里却实在担心。这地方太小，金九龄选的兵器，威力却太大。他招式一发动，陆小凤只怕就很难有回旋闪避的余地！

大铁锥长达五尺，绣花针却只有一寸。他们用的兵器，一个至强，一个至弱，一个极重，一个极轻。柔虽能克刚，弱却未必能胜强，轻更无法能制重！在兵器上，陆小凤显然已吃了亏。

金九龄忽然道："你能不能也请出去？"

公孙大娘冷笑道："你难道还怕我暗算你？"

金九龄笑了笑，道："我知道你不是那种人，可是你留在屋子里，对我也是种威胁！"

公孙大娘迟疑着，用眼角瞟着陆小凤。

陆小凤淡淡道："我们在屋子里交手，外面也一样能看得见的！"

公孙大娘叹了口气，终于走了出去，忽又回过头："我的功夫现在已恢复了八九成，你纵然战败，他也逃不了的！"

陆小凤笑了笑，道："我根本从未想到他能跑得了。"

金九龄微笑道："这屋子已是死地，我现在也正想将自己先置之于死地而后生！"这句话说完，他的大铁锥已出手！

这大铁锥实际的重量是八十七斤。一柄八十七斤重的大铁锥，在他手里施展出来，竟仿佛轻如鸿毛。他用的招式轻巧灵变，也正像是在用绣花针一样。这一招施出，竟暗藏着六七种变化，却听不见丝毫风声。陆小凤叹了口气。

直到现在他才真的明白，金九龄实在是个深藏不露的人，武功实在是深不可测。直到现在他才相信，木道人、古松居士、苦瓜大师他们，的确不是这个人的对手。他的心念转动极快，动作更快。他脚步轻轻一滑，绣花针已反手刺出，只听"嗤"的一声，针锋破空，竟像是强弩出匣！

这根绣花针虽然轻如鸿毛，在他手里施出来，却仿佛重逾百斤。他用的招式刚猛锋利，竟也正像是在用一柄大铁锥。眨眼间两人已各自出手十余招。至强至刚的兵器，用的反而是至灵至巧的招式！至弱至巧的兵器，用的反而是至刚至强的招式！

这一战之精彩，已绝不是任何人所能形容。江重威、华一帆、常漫天，面色都已不禁露出惊讶之色。他们虽看不见，却听得见。

屋子里只听得见绣花针的破空声，反而听不见大铁锥的劲风。他们全都是身经百战的高手，却也无法想象这是怎么回事。只听绣花针破空之声，"嗤嗤"不绝，愈来愈急，而且听之在东，忽而在西，流窜变化，竟远比飞蜂还快十倍。

华一帆忍不住长叹道："难怪木道人也常说陆小凤是百年难逢的武林奇才，此言果然不虚！"

常漫天沉着脸，道："但金九龄却更可怕！"

华一帆道："哦？"

常漫天道："陆小凤的出手如此迅急，招式变化如此快，但金九龄的大铁锥施展开，竟还能连一点风声都不带出手，这岂非更令人不可思议！"他知道金九龄用的是大铁锥，因为他刚才已问过欧阳情。他交手经验的丰富，远不是养尊处优的华玉轩主人能比得上的，他的分析当然也远比华一帆更精辟。

华一帆沉默了半响，缓缓道："久闻常总镖头身经战役之多，少有人及，这话看来也不假！"

一句刚说完，突听"呼"的一声，如狂风骤起，如神龙出云。

常漫天悚然道："金九龄招式已变了！"

金九龄招式如此一变，变得刚烈威猛，无坚不摧，无物可当！屋子里突然间已被大铁锥的风声笼罩，几乎已没有别人的容身之地。

江重威动容道："难道他刚才一直都是在试探陆小凤的出手招式，直到现在才使出真功夫来！"

常漫天道："但陆小凤的真功夫也使出来了！"

江重威道："怎见得？"

常漫天道："他的大铁锥招式如此凌厉，若是换了别人，早已被逼出了屋子，但陆小凤却反而没有动静了，显然还能从容应付，在待机而动。"

欧阳情看着他，眼睛里不禁露出钦佩之色。这瞎子看得竟比有眼睛的人还准！陆小凤的确还可以从容应付，他的人竟似已从有形变成了无形，竟似已变得可以随意扭曲变化，竟似变成了一阵风。无论金九龄的大铁锥怎么样逼他，他总是轻描淡写地就闪了过去。

有时这大铁锥明明已将他逼入了死地，谁知他身子突然一扭，就已化险为夷。公孙大娘面上本来带着忧郁之色，现在却已松了口气。

常漫天忽然叹道："我本来还认为陆小凤不是敌手，现在才知道金九龄已必败无疑！"

江重威又问："怎见得？"

常漫天道："金九龄现在已施展出至刚至强的招式，刚必易折，强必不能持久,他的力气消耗,必定远比陆小凤快得多!"他脸上也发出了光,慢慢地接着道,"等到他已不能将大铁锥控制自如,要砸烂屋子东西的时候,也就表示他气力已将竭,陆小凤已可反击了!"

就在这时,突听"砰"的一声,"哗啦啦"一片响。

欧阳情忍不住脱口道:"他已砸烂了那张桌子!"

又是"砰"的一响。红衣少女道:"他连床也砸烂了!"

常漫天面上已露出微笑,道:"看来华玉轩主珍藏的字画,已可稳稳收回了!"

华一帆面上也已露出喜色,道:"莫忘记还有你的镖银!"

就在这时,突然又是"轰"的一声,天崩地裂的一声大震!

金九龄额上已现冷汗,大铁锥的运转,已愈来愈慢,他也知道陆小凤现在必定已将全力反击。

他踏前两步,大铁锥直刺而出。陆小凤后退两步,以退为进,正待反击。谁知金九龄突然反手一抡,大铁锥突然脱手飞出,挟带着狂风般的风声,掷向陆小凤。

这一掷之力,世上绝没有任何人能硬接硬挡。陆小凤只有悚然闪避。只听"轰"的一声天崩地裂般的大震,八十七斤重的大铁锥,竟将墙壁撞破了个大洞。铁锥余势未竭,直飞了出去。金九龄的人也借着这一抡之力,跟着大铁锥飞了出去!

这一招连陆小凤都没有想到。他只觉得眼前人影一闪,屋子里的金九龄已不见了!

"砰"的一声,大铁锥撞上院墙,落在地上。金九龄的人却已掠出墙外。公孙大娘悚然失色,正想去追,只听"嗖"的一声,陆小凤已从她面前蹿了过去。

常漫天失声道:"好快的身法!"

公孙大娘叹了口气,苦笑道:"只可惜我的气力未复,否则我也让你听听我的身法!"她并没有去追。陆小凤既然已去追了,她已不必再去追。

常漫天道:"大娘只管放心,金九龄气力已将竭,轻功也本就不如陆小凤,他逃不了的!"

公孙大娘终于笑了笑,道:"陆小凤的轻功,的确很少有人能比得上!"

现在金九龄也已明白,陆小凤的轻功,竟远比他想象中还要可怕。他出动在前,又占了先机,可是七八个起落后,陆小凤竟似已快追了上来。

他们的距离本来至少有十丈,现在竟已缩短成四五丈。这距离只要一个起落,就可赶上。奇怪的是,金九龄居然并没有显得太恐慌。前面一片园林,亭台楼阁,花木扶疏。

金九龄突然大呼:"陆小凤才是绣花大盗,快来人挡他一挡!"

呼声不绝,园中小阁里,突然飞出了四条人影,赫然竟是公孙大娘的姐妹、二娘、三娘、青衣女尼和江轻霞。四个人燕子般飞来,三娘与青衣女尼在前,只听"呼"的一声,三娘手里的长鞭,已卷住了陆小凤的腿。

陆小凤全心全意都放在金九龄身上,竟没有避开这一鞭。三娘反手一抽,他的人就已将倒下。

这时金九龄已掠出数丈外,眼见已逃出了法网。青衣女尼掌中剑寒光闪动,直刺陆小凤胸膛。

陆小凤突然伸出两根手指一夹,夹住了剑尖。青衣女尼只觉手腕一震,剑已离手。

陆小凤用两根手指捏住剑尖，反手掷了出去。没有人能形容这一剑的力量和速度！

没有人能想象！甚至没有人会相信。就连"闪电"这两个字，也不能形容这一剑的速度于万一。

这一剑的速度就像是光。灯燃起，灯光就已到了每一个角落里。

剑出手，剑光一闪，剑锋已到了金九龄的后心！

金九龄忽然听到了一声很奇怪的声音，他从来也没有听见过这种声音。

然后他才觉得心里刺痛，就好像伤心的人那种刺痛一样。

他低下头，就看见一股血从自己前心飙了出来。血飙出时，他才看见了穿胸而过的剑锋。

看到剑锋时，他的人已倒下！可是他还没有死！这一剑太快，比死亡来得还快。

他还能看见陆小凤蹿过来——三娘的鞭子也被陆小凤的两指一夹，就断成了两截！

陆小凤已扶起金九龄，大声道："薛冰呢？薛冰在哪里？"

金九龄看着他，眼睛里竟已露出种奇特而残酷的笑意，轻轻道："我现在就要去见她了，你却要过很久很久才能见得到她，很久很久……"

他的声音突然停止，心跳也突然停止。

他的眼睛还是带着那种残酷恶毒的笑意，仿佛已看见了薛冰……

第十一章

尾声

陆小凤已醉了。因为他想醉,他非醉不可。

"我现在就要去见她了,你却要过很久很久才能见到她,很久很久……"他明白金九龄之意,他怎么能不醉?虽已沉醉,却未沉睡,他还听得见公孙大娘在向她的姐妹们解释!

"陆小凤并不是个笨蛋,我一直知道他不是个笨蛋,我相信他也看得出金九龄的阴谋!"

"可是我没把握!"

"虽然没把握,我也一定要揭穿金九龄的阴谋,没有人能像他这么样陷害我!"

"我也一定要找出谁是他的共谋,我不能让这种人留在我的姐妹中,就好像我不能让一粒沙子留在我眼睛里。"

"所以我故意带陆小凤到我们的聚会之处去,因为我希望有机会能向他说出我的看法,希望他能和我联手捉住那个真正的绣花大盗。"

"但我却又不能明说,因为我知道你们之中,有一个是金九龄的共谋!"

"我正苦于找不到机会,陆小凤却给了我机会!"

"他要跟我比喝酒。"

"我忽然明白了他的意思,所以我就立刻照他的意思做!"

"他快醉的时候，果然找了个机会，跟我说了两句话，你们都没有发现！"

"他说的是，'跟我走，我知道你不是绣花大盗！'"

"所以我就跟他走了！"

"可是为了要瞒住那个奸细，我们还是要继续将这出戏演下去，所以我们又比了两阵！"

"比到最后一阵时，我暗中示意，叫老四和老七跟我进去，我知道只有她们两个人完全没有嫌疑，因为只有她们两个人还是处女！"

身在青楼的欧阳情，居然还是处女。陆小凤霍然抬起头，吃惊地看了欧阳情一眼，又伏倒。

公孙大娘已又接着说下去："我要她们和兰儿立刻分头去找江重威、华一帆和常漫天！"

"那奸细一定认为那是我故意对陆小凤布下的疑兵之计，当然还是不会怀疑！"

"我跟陆小凤走了后，立刻找了个隐秘的地方，将我们心里怀疑的事，互相印证！"

"然后我们就订下了那置之死地而后生的计划！"大家都静静地听着，没有人开口。

公孙大娘又道："到最后金九龄脱逃时，显然已知道你们到了羊城，所以才故意走那条路。"

那园林是她们在羊城的聚会处。

公孙大娘目光如刀，从二娘、三娘、青衣女尼和江轻霞脸上扫过去，冷冷地接着道："所以那奸细必定是你们四个人其中之一！"

二娘、三娘、青衣女尼的脸上都没有表情，江轻霞的脸色却已苍白。

公孙大娘道："江五妹，嫌疑本来最重，因为只有她最了解王府的动静，只有她能接近江重威，拿到江重威的钥匙。"她笑了笑，又道，"但是陆小凤却推翻了我的想法，因为他知金九龄是江重威的好友，也一样能接近江重威，何况，五妹若真是他的同谋，他就绝不会要司空摘星将那块缎子送到栖霞庵去。"

江轻霞看着已醉倒在桌上的陆小凤，目中不禁露出感激之色。

公孙大娘道："老六嫌疑也很重，因为她虽然身在空门，但最近我却知道她已不能守身如玉！"

青衣女尼的脸红了，又由红变白。

公孙大娘道："但后来我已知道她那秘密的情人是谁——你们也不必问我是谁，反正不是金九龄，我知道老六是个痴情的人，既已有了情人，就绝不会再和金九龄勾搭，所以她也没有嫌疑！"

青衣女尼垂下头，目中忽然流下泪来。

二娘和三娘却还是神色不变，静静地坐在那里。

公孙大娘的目光，突然刀锋般盯在三娘脸上，道："你本来没有嫌疑的，但你却不该在老七被制住时，还要向陆小凤出手，逼着陆小凤只有跟我们决一死战，你更不该在陆小凤去追金九龄时，施展杀招！"她突然沉下了脸，厉声道，"二娘！你现在既已知道奸细是谁了，你还不出手？"

二娘还是坐着没有动，可是银刀已在手，突然反手一刀，刺向三娘的腰。这是致命的一刀。三娘却完全没有闪避，似已甘心情愿地要挨这一刀！

但就在这时，公孙大娘手里的筷子已飞出，一根筷子击落了二娘的刀，一根筷子打中了她的穴道。二娘全身突然僵硬，就像突然变成了个石人。

公孙大娘看着她，缓缓道："其实我早已知道是你了，你为了要供给金九龄挥霍，已亏空了很多，你知道我迟早总会发现的，所以你一定要杀了我，杀死我之后，也只有你才能接替我！"

二娘石像般僵硬的脸上，已沁出一粒粒发亮的汗珠。

公孙大娘道："但我们毕竟还是姐妹，只要你还有一点悔过的心，只要你肯承认自己的过错，我已准备忘记你以前的事！"她长长叹了口气，接着道，"但你却不该向老三下那种毒手的，可见你非但没有丝毫悔悟，还准备要老三来顶你的罪，替你死，你……"她没有再说下去，却又挥手拍开了二娘的穴道，黯然道，"你去吧，我让你走，只希望你走了以后，自己能给我个了断！"

二娘没有走，她看看公孙大娘，目中充满一种绝望的恐惧之色。

她知道自己已无路可走。银刀落在桌上，她拿起来，突然反手一刀，割向自己的咽喉。

可是她的刀又被击落。是被陆小凤击落的。

陆小凤似已醉了，却又未醉，挥手击落了她的刀，喃喃道："如此良辰，如此欢会，你为什么还要杀人？"

二娘咬着嘴唇，道："我……我没有要杀人，我要杀的是自己。"

陆小凤笑了，痴痴地笑着道："你自己难道不是人？"

二娘怔住。

陆小凤喃喃道："既已错了，又何必再错？心已死了，人又何必再死？旧恨已够多，又何必再添新愁？血已流得够多，又何必再流？"

二娘怔了半晌，忽然伏在桌上，失声痛哭。

公孙大娘看着陆小凤，忽然笑了笑，道："好，我依你，我再依你这一次，可是……"

陆小凤却打断了她的话，道："话已说得够多，又何必再说？人既已醉了，又何必再留？"他摇摇晃晃地站起来，摇摇晃晃地走出去！

公孙大娘却拦住了他："你现在就要走？真的要走？"

陆小凤道："天下本无不散的筵席，此刻又何必不散？该走的总是要走，此刻又何必不走？"

公孙大娘道："你要到哪里去？"

陆小凤道："我既然已要走了，你又何必再问？"

公孙大娘凝视着他，悠悠地道："我既然已问了，你又何必不说？"

陆小凤笑了，大笑。

公孙大娘道："其实我既不必问，你也不必说，因为你的去处，也正是我的去处！"

陆小凤忽然睁大眼睛，道："你知道我的去处？"

公孙大娘微笑着道："三百年中，武林中最负盛名的两位剑客，就要在紫金山决斗，这一战不但势必轰动天下，也必将永垂不朽，我又怎么肯错过？"

陆小凤道："你知道？"

公孙大娘道："我还知道他们的决斗之期并不是初一，而是十五，金九龄说是初一，只不过要你快走！"

陆小凤道："十五？八月十五？"

公孙大娘点点头，曼声吟道："月圆之夜，紫金之巅，一剑西来，天外飞仙……"

《陆小凤传奇2：绣花大盗》完

相关情节请看《陆小凤传奇3：决战前后》

读客文化将出版以下古龙经典作品

《小李飞刀：多情剑客无情剑》
《小李飞刀2：边城浪子》
《小李飞刀3：九月鹰飞》
《小李飞刀4：天涯·明月·刀》
《陆小凤传奇：金鹏王朝》
《陆小凤传奇2：绣花大盗》
《陆小凤传奇3：决战前后》
《陆小凤传奇4：银钩赌坊》
《陆小凤传奇5：幽灵山庄》
《陆小凤传奇6：凤舞九天》
《陆小凤传奇7：剑神一笑》
《楚留香新传：借尸还魂》
《楚留香新传2：蝙蝠传奇》
《楚留香新传3：桃花传奇》
《楚留香新传4：新月传奇·午夜兰花》

《七种武器：长生剑·孔雀翎》

《七种武器2：碧玉刀·多情环》

《七种武器3：离别钩·霸王枪》

《七种武器4：愤怒的小马·七杀手》

《萧十一郎》

《火并萧十一郎》

《绝代双骄》

《欢乐英雄》

《三少爷的剑》

《流星·蝴蝶·剑》

《武林外史》

《白玉老虎》

《圆月弯刀》

《大人物》

《绝不低头》

《碧血洗银枪》

《彩环曲》

《苍穹神剑》

《大地飞鹰》

《风铃中的刀声》

《护花铃》

《剑毒梅香》

《剑客行》

《猎鹰·赌局》

《名剑风流》

《飘香剑雨》

《七星龙王》

《失魂引》

《血鹦鹉》

《英雄无泪》

《游侠录》

《月异星邪》

激发个人成长

多年以来,千千万万有经验的读者,都会定期查看熊猫君家的最新书目,挑选满足自己成长需求的新书。

读客图书以"激发个人成长"为使命,在以下三个方面为您精选优质图书:

1、精神成长
熊猫君家精彩绝伦的小说文库和人文类图书,帮助你成为永远充满梦想、勇气和爱的人!

2、知识结构成长
熊猫君家的历史类、社科类图书,帮助你了解从宇宙诞生、文明演变直至今日世界之形成的方方面面。

3、工作技能成长
熊猫君家的经管类、家教类图书,指引你更好地工作、更有效率地生活,减少人生中的烦恼。

每一本读客图书都轻松好读,精彩绝伦,充满无穷阅读乐趣!

认准读客熊猫

读客所有图书，在书脊、腰封、封底和前后勒口都有"**读客熊猫**"标志。

两步帮你快速找到读客图书

1、找读客熊猫　　　　　2、找黑白格子

马上扫二维码，关注**"熊猫君"**

和千万读者一起成长吧！